Krone Wissen

Das Wichtigste in Kürze

Thomas Schrems

Wein

Wein ist Alltag. Wein ist aber auch Kultur. Wein ist Alltagskultur. Ein Stück Österreich, mit Boden und Geschichte fest verwurzelt. Er belebt, er beschwingt, er verbindet. Und er verdient von uns Konsumenten jene Achtung, die ihm der Winzer vom ersten Tag an entgegenbringt. Mit Wein leben und Wein erleben – mit allen Sinnen. Das ist das erklärte Ziel.

Editor Claus Pándi

Grafik: Barbara Mungenast
Lektorat: Mag. Constanze Pándi
Foto Cover: Kronen Zeitung/Martin A. Jöchl

Druck und Bindung: Holzhausen Druck & Medien GmbH
Holzhausenplatz 1, 1140 Wien
Gedruckt auf chlorfrei gebleichtem Papier
Printed in Austria
ISBN 3-85493-206-5

Inhalt

Vorwort

Seit Jahrtausenden werden dem Wein in vielen Kulturen besondere Kräfte zugeschrieben. Der Mythos vom Zauber der vergorenen Trauben nährt sich aus der tatsächlichen Wirkung, die segensreich und unheilvoll zugleich sein kann.

Die Weinbaukultur prägt die Geschichte von Ländern und Völkern seit bald 3000 Jahren. Dennoch hat die Kultur des Weintrinkens erst in jüngster Zeit breite Bevölkerungsschichten in Österreich erfasst. Bis zum Glykolskandal waren eigentlich nur zwei Sorten, der Rote und der Weiße, bekannt. Das hat sich grundlegend geändert. Wein ist ein populäres, ein Lifestyle-Getränk geworden. Das ist bisweilen auch an den exorbitanten Preisen zu bemerken. Doch nicht immer müssen die teuersten Kreszenzen auch die besten sein. Einige wenige Kenntnisse reichen, um auch mit kleinem Budget erstklassige Weine zu erwerben.

Ein profunder Weinkenner, der mitten in einer der wunderbarsten Weinbauregionen des Burgenlands lebt, ist der Journalist Thomas Schrems. Er führt mit amüsanten Geschichten und zahlreichen Daten und Fakten in die große Welt des Weins. Wein ist keine Wissenschaft, aber auf jeden Fall mehr als nur ein Getränk. Wer mehr weiß, der schmeckt auch mehr!

Claus Pándi

Reben, die lange entblättert sind,
Frieren und liegen danieder,
Über die Hänge im Abendwind
Weinen Klapotetzlieder.
Weinen um all die vergangene Lust,
Ernte und Winzergelage,
Wecken in meiner ruhigen Brust
Sehnsucht verklungener Tage.
Gib mir noch einmal, braunäugiges Kind,
Deine verdurstenden Glieder!
Nutzlose Klage im Abendwind
Weinen Klapotetzlieder.

(Weingartenlied, Ernst Goll, 1910)

Was es sein soll

Und was es sicher nicht ist

Nichts ist unvollkommener und unvollständiger als der Anspruch auf Vollkommenheit und Vollständigkeit. Bücher über Wein füllen Regalmeter, und doch bleibt von dem, was zu sagen wäre, das meiste ungeschrieben. Es steckt in den Köpfen derer, die täglich mit der Sache befasst sind und ihr Wissen an folgende Generationen vererben.

Was es hätte sein können

Sie hätten in diesem Büchlein alle Details darüber erfahren können, warum das Geheimnis Wein schon beim richtigen Rebschnitt anfängt, warum der Weißwein weiß ist (weil die Farbstoffe in den Schalen sitzen und die Maische, 100 Kilo bei 115 Kilo Trauben, nur wenige Stunden in Silos eingelagert, dann gepresst wird (das ergibt 65 bis 80 Liter Most), dieser Most dann geschwefelt und bei bis zu 30 Grad in mehreren Schritten vergoren und die am Boden des Gebindes abgelagerte Hefe abgestochen wird, um sich dann für drei bis sechs Monate in Stahltanks, Holzfässer oder selten auch Glas- oder Kunststoffbehälter zu verabschieden …, aber das nur nebenbei), und der Rotwein rot (weil hier nicht der Most, sondern gleich die Maische vergoren wird, sich die Farbpigmente aus den Schalen lösen und erst dann gekeltert wird …, aber auch das nur nebenbei), und warum der Sekt sprudelt. Auch darüber gibt es ganze Bibliotheken. Und warum bei Frucht- oder Obstweinen (Bananen, Erdbeeren und sonstige Weinexoten) nachgeholfen werden muss, weil sie von sich aus zu wenig Fruchtzucker haben und sie sonst auch kaum einer mag.

Von der Nacktheit und der Wahrheit

Auch könnten Sie hier, in allen Einzelheiten ausgebreitet, lesen, was mit den 2,5 Millionen Hektoliter Wein passiert, die unsere Winzer Jahr für Jahr keltern, wer in der Theorie und im Mittel wie viel trinkt, welche Region wohin wie viel exportiert. Doch was für die Menschen gilt, gilt auch für die Zahlen: Nichts schreckt mehr ab als übertriebene Nacktheit.

Was es sein will

Stattdessen richtet dieses Buch sich an jene, die als Weinfreunde Freude am österreichischen Wein haben, die ihn schätzen und mit Respekt behandeln. Die nur allzu gerne riechen und schmecken, was drin ist, und nicht, was drin sein soll, weil es drauf steht, an jene, die das Weinland Österreich mit Leidenschaft konsumieren und bereisen, die Eigenheiten der Regionen in Grundzügen erfassen und vergleichen, historische Anfänge, Entwicklungen und Trends kennen lernen und Basisdaten mitnehmen wollen.

Geschichte? Basisdaten? Das riecht nach Zahlen. Nun ja, ganz ohne geht's eben doch nicht. Sagen die Zahlen. Die Nacktheit sieht das naturgemäß anders.

Wein, Wirrnisse und Wunder

Erfolgsgeschichte über den Umweg einer kleinen Reblaus und einer großen Panscherei

Was dem Abgang eines Weines nie zur Ehre gereicht, gibt weinhistorischen Abrissen die Würze: die Kürze. Dass es letztlich nicht ganz ohne geht, liegt in der Natur der Sache. Und in der sich über drei Jahrtausende hinwegstreckenden Bewegtheit, auf die Österreich und sein Wein zurückblicken.

Erste Belege

Erste Belege finden sich anhand von Traubenkernen, die in einem keltischen Grabhügel aus 700 v. Chr. bei Zagersdorf im heutigen Anbaugebiet Neusiedlersee-Hügelland entdeckt wurden und der Kulturrebe Vitis vinifera zuzuordnen sind. Unter römischer Herrschaft florierte der Weinbau, nicht zuletzt dadurch, dass Kaiser Marcus Aurelius Probus (232 bis 282) das Auspflanzungsverbot aufhob.

Was folgte, war die Völkerwanderung mit vielen Wirrnissen und dem Erliegen des Weinbaus. Erst Karl der Große (742 bis 814) konsolidierte die angespannte politische Lage und damit auch den Weinbau in seiner Ostmark. Reisende Experten brachten Weinreben und -wissen ins Land, und so ist ihm und seinem Traktat „Capitulare de villis“ zu verdanken, dass die Traubenpresse eingeführt und die Rebsorten neu klassifiziert wurden.

Erste Trockenbeerenauslese

Fundamentale Leistungen vollbrachte auch die Kirche. So etwa im Burgenland, wo der Zisterzienserorden (dank hoch stehenden, aus dem Burgund importierten Weinwissens) Kulturen rund um den Neusiedlersee anlegte. Mit ein Grund, warum das Burgenland heute die weltweite Führungsrolle in punkto Süßwein ausübt. 1526 wurde in Donnerskirchen die erste Trockenbeerenauslese überhaupt geerntet. Ein legendärer Wein, den die Fürstenfamilie Esterházy über Jahrhunderte hinweg bei festlichen Anlässen kredenzte. Der letzte Tropfen dieses Jahrganges wurde 1852 getrunken.

Erste Rückschläge & ein Skandal

Es gibt keine Erfolgsgeschichte ohne Rückschläge. Auch nicht die des Weines in Österreich. Erst der Dreißigjährige Krieg (1618 – 1648), dann, zu Beginn des 19. Jh, die Schlesischen und Napoleonischen Kriege, dazu Missernten, die zur Auflassung großer Rebflächen führten. Und vor gut 100 Jahren die erstmalige Erkenntnis, dass nicht alles gut ist, was aus Amerika kommt: eingeschleppte Pilzkrankheiten, gefolgt vom schwersten Tiefschlag – der Reblauskatastrophe, die von Spanien bis Ungarn alles dahinraffte, was nicht reblausfest war.

Auch der Zweite Weltkrieg hinterließ am Weinbau seine Spuren – in der Besatzungszeit wurden einmal mehr (als Echo von Napoleons Armee, die Österreichs Keller leer getrunken hatte) die Altbestände teils vernichtet, das deutsche Weingesetz mit seinen Klassifizierungen hielt auch bei uns Einzug.

Die erste Verhaftung

Den letzten massiven Dämpfer, infolge der ausufernden Massenproduktion, setzte der Weinskandal vor 20 Jahren – mit Glykolweinen aus der Chemieküche (Diaethylenglykol ist ein zugesetzter öliger Alkohol, wie er in Frostschutzmitteln zu finden ist), in Ausnahmefällen aufgrund der hohen Konzentration sogar lebensbedrohlich. Ende April 1985 kam es zur ersten Verhaftung eines Winzers aus dem burgenländischen Seewinkel, dutzende Festnahmen anderer Weinbauern und Händler folgten, dazu 300 Anzeigen. Als die Glykolwelle auch noch über Italien und Deutschland schwappte und vom Gesundheitsministerium der damaligen BRD eine Liste mit 803 österreichischen und 27 deutschen Weinen veröffentlicht wurde, ging die heimische Branche endgültig zu Boden. Wobei die Deutschen weismachen wollten, ihre Weine seien nur durch Verschnitt mit österreichischen Tropfen kontaminiert worden.

Erster Aufwind

Die Vorwürfe trafen aber nicht nur die Panscher allein. Auch Österreichs Behörden hatten gehörig geschlafen. Das Vertrauen war auf Jahre hinaus zerstört. Die einzige Chance – ein radikaler Umschwung hin zum Qualitätsbewusstsein. Und eines der weltweit strengsten Weingesetze, worin grundsätzlich alles verboten ist, was nicht ausdrücklich erlaubt ist.

Bereits 1990 waren die Umsatzrückgänge im eigenen Land wettgemacht. Auch die Erkenntnis, dass allein die Weinüberschüsse (ca. 25 Millionen Hektoliter), die jährlich auf dem Weltmarkt erzeugt werden (Gesamtproduktion: 250 Mio. hl) das Zehnfache der österreichischen Jahresernte ausmachen, ließ klar werden: Nur beste Qualität macht auf Dauer Sinn und Erfolg.

Der Erste sein – mit Profi-Marketing

Heute haben wir es mit einer Winzergeneration zu tun, die alle Attribute vereint, die den Weg an die Spitze ebnen: beste Ausbildung, internationale Erfahrung, modernste Kellertechnik und das Wissen, dass Qualität im Weingarten beginnt. Hinzu kommt die Unterstützung durch die Österreichische Weinmarketing-Gesellschaft (ÖWM), die die Bemühungen der heimischen Weinwirtschaft strategisch fördert. Mit Weinpräsentationen im Ausland, intensiven Kontakten zu den Meinungsbildnern und Kooperationen im Bereich der Ausbildung, wie etwa mit dem „Institute of Masters of Wine“, der renommiertesten Kaderschmiede der Weinwelt.

Dass ein Neustart immer auch mit Vergessen und Vergessenmachen zu tun hat, zeigen Stimmen der internationalen Weinwelt aus heutigen Tagen, die mit jenen aus Zeiten der großen Krise so ganz und gar nichts mehr zu tun haben (wollen) und unterstreichen, warum Wein aus Österreich (im Jahr 2004 mit 73 Millionen Litern im Export) mehr denn je gefragt ist. Hier ein kleiner Auszug.

> *„There seems to be no end to the impressive wines being created in Austria."*
>
> (Wine International, 2004)

> *„Kaum irgendwo sonst sind die Winzer so innovativ wie gerade hier."*
>
> (Tagesanzeiger, Schweiz, 21.8.2004)

> *„For years, Austria has been producing some of the world's finest wines."*
>
> (Hildon Magazine, Großbritannien, Juni 2004)

> *„These stunning wines deserve to be better known."*
>
> (The Halifax Herald Limited, Kanada, 17.11. 2004)

> *„The sweet wines of the Burgenland are taking their place among the world's elite."*
>
> (Wine Enthusiast, USA, Mai 2004)

Für alle Zahlenfetischisten schon an dieser Stelle ein Link-Tipp: www.weinausoesterreich.at

Weinland Österreich – die Anbaugebiete

Böden, Flächen, Sorten, Orte, ein bisschen Recht und die schönsten Weinstraßen

Alles, was Recht ist

Österreichs Weinrecht basiert auf dem europäischen. Wobei wir uns aber strikte Eigenheiten bewahren konnten. Tragende Säulen des heimischen Weingesetzes sind:

- kontrollierte Herkunft
- Beschränkung des Hektarertrages
- Qualitätsstufen: Hier wird prinzipiell zwischen Tafelwein, Qualitätswein und Prädikatswein unterschieden, für die Einreihung ist der Zuckergehalt des Mostes entscheidend, ausgedrückt in Klosterneuburger Mostwaage KMW (Näheres dazu im „Lexikon für Weinbeißer“, Seite 85).
- staatliche Qualitätskontrolle: Qualitäts- und Prädikatsweine sind doppelt geprüft – durch weinchemische Analysen und ein Verkostergremium. Die staatliche Prüfnummer auf dem Etikett und eine rot-weiß-rote Banderole dokumentieren dieses aufwändige Kontrollverfahren. Was noch auf dem Etikett steht: Herkunft, Sorte, Jahrgang (nicht beim Landwein), Qualitätsstufe, Alkoholgehalt, Hinweis auf Zuckergehalt, staatliche Prüfnummer, Produzent oder Abfüller.

„Weinland Österreich“: Diese neue Region wurde durch die Weingesetznovelle 1999 geschaffen. Vorteil: Nun steht ein auch nach europäischen Maßstäben großes Einzugsgebiet (Niederösterreich und Burgenland) zur Verfügung – für den Vertrieb von Landwein ist das von entscheidender Bedeutung.

Böden und Klima

Der Boden prägt den Wein – wobei generell zwei Typen unterschieden werden:

- **luftig-leichte Böden:** sandige leichte Böden (z.B. Löss) erwärmen sich rasch und bringen bei ausreichender Wasserversorgung Spitzenqualitäten. Sie sind meist (auch mit dem so genannten Urgestein) Voraussetzung für schlanke, aber elegante, fruchtige Weine.
- **schwer-dichte Böden:** Schwere, tonreiche Böden speichern Wasser sehr gut, neigen aber zur Staunässe, bringen dafür meist die höheren Erträge und extraktreiche, kräftige Tropfen.

Klimatisch betrachtet liegt Österreich auf dem 47. und 48. Breitengrad (vergleichbar mit dem Burgund in Frankreich) und in einer gemäßigten Zone ohne Extreme. Die Vegetationszeit (vom Austrieb bis zum Blattfall) beträgt, je nach Sorte, bis zu 200 Tage. Sonnige Sommer, ein milder Herbst mit kühlen Nächten und Niederschläge von 400 mm (im Osten) bis hin zu 800 mm (vor allem in der Steiermark) sind prägend für die meisten heimischen Anbaugebiete. Wichtige Einflussfaktoren als Wärmereflektor sind die Donau und der Neusiedlersee.

Von Bedeutung ist auch die Höhenlage – im Schnitt 200 Meter. In Niederösterreich wird teils auf 400 Meter Seehöhe bewirtschaftet, im steirischen Sausal sind es gar bis 560.

Die einzelnen Regionen:

32.000 Betriebe in vier Bundesländern tragen die gesamte Produktion: die vier Regionen Burgenland, Niederösterreich, die Steiermark (mit der Novelle 2002 in Weinbauregion Steirerland umbenannt) und Wien. Wer aus dem Vollen schöpft, kann leicht danebengreifen – was heißen soll: Die Unzahl wie feinstes Glas klingender Namen jener Winzer vollständig aufzulisten, die den Ruhm des Weinlandes Österreich in alle Welt hinaustragen, ist wie das Spiel mit dem Feuer mit der Garantie, sich die Finger zu verbrennen. Daher sei auf den Serviceteil im Anhang verwiesen: Dort finden sich Adressen, Links und Buchtipps, die das Spektrum der Winzerszene abdecken.

BURGENLAND

Gerade einmal 80 Jahre jung und das drittkleinste Bundesland – und doch zählt das Burgenland zu den großen Weinländern. Die finessenreichen Süßweine haben Weltruhm erlangt, eigenständige Rotweine sorgen bei internationalen Verkostungen immer wieder für Furore und zählen zu den besten in Europa. Einzig der Mangel an Topqualität in großen Mengen bremst die Durchschlagskraft auf dem Weltmarkt. Doch gerade die Ausbeute in erlesener, weil viel geringerer Zahl gibt den Roten aus dem Burgenland eine elitäre Note. Dazu (in guten Jahren) die trockenen Weißen, die mit ihrer Vielfalt autochthoner (alteingesessener) Sorten das Selbstbewusstsein der Winzer stärken und ebenso beeindrucken wie mit der erfolgreichen Einbürgerung von „Weltenbummlern".

Die Umstellungsmaßnahmen seit Mitte des vergangenen Jahrhunderts ließen die Anbauflächen in Österreich um 2700 Hektar auf 51.000 ha steigen. Gerade im Burgenland ist der Zuwachs des Rotweinanteils beeindruckend. Mehr als 2100 ha mit roten Sorten wurden neu ausgepflanzt, weiße um 700 ha zurückgenommen. Was dazu führte, dass vor zwei Jahren erstmals mehr blaue Trauben (475.000 Hektoliter) als weiße (364.000 hl) eingebracht wurden.

Gebiet Neusiedlersee:

Rebfläche: 8310 Hektar
Böden: Löss, Lehm, Schwarzerde, Schotter, Sand
Sorten: Rot (Zweigelt vor Blaufränkisch) dominiert vor Weiß: Weißburgunder, Welschriesling. Diese finden sich, gepaart mit aromatischem

Bouvier, Muskat Ottonel und Traminer in besten Trockenbeerenauslesen wieder.
Namhafte Weinorte: Gols, Illmitz, Mönchhof, Frauenkichen

Der landschaftliche Stimmungswechsel in Richtung ungarische Puszta auf der Fahrt von Wien gen Südosten ist unverkennbar. Heißes, trockenes Klima und durchlässige Böden verschaffen dem Heideboden (Ostufer des Neusiedlersees) beste Voraussetzungen für hochwertige, kraftvolle Weiße und Rote. An den Südhängen der Parndorfer Platte, die den Heideboden im Norden begrenzt, gedeihen dank des höheren Lehmanteils extrem dichte, komplexe Rotweine. Süßweine von Weltklasse wiederum finden sich vor allem im Seewinkel mit seinen Sandböden und vielen kleinen Seen und Lacken, das herrschende Mikroklima begünstigt die Edelfäule.

Gebiet Neusiedlersee-Hügelland:

Rebfläche: 3910 Hektar
Böden: Löss, Schwarzerde, Sand, Lehm
Sorten: Welschriesling, Weißburgunder, Chardonnay, Blaufränkisch, Zweigelt.
Spezialitäten: Sauvignon Blanc, Cabernet Sauvignon
Namhafte Weinorte: Breitenbrunn, Donnerskichen, Eisenstadt, Großhöflein, Mörbisch, Purbach, Oggau, Rust, Schützen, St. Margarethen

Spitzenweine aus Chardonnay, Sauvignon Blanc und Weißburgunder inmitten lieblicher Hügellandschaft – das gibt es kaum woanders in der Welt. Hinzu kommen erstklassige Rotweinlagen in den steinigen Hängen bei St. Margarethen, ganz zu schweigen vom Süßwein-Mekka am Seeufer. Nicht zu Unrecht zählen die Winzer dieses Gebietes gerade im Rot- und Süßweinsektor zu den besten.

Eine Sonderstellung nimmt die historische Freistadt Rust ein: Eine Gruppe von Winzern pflegt hier mit der Vereinigung „Cercle Ruster Ausbruch" den markant edelsüßen Typus. Und in Rust befindet sich auch die Weinakademie Österreich, die erste deutschsprachige Ausbildungsstätte.

Gebiet Mittelburgenland:

Rebfläche: 1880 Hektar
Böden: tiefgründige, schwere Sand- u. Lehmböden
Sorten: v.a. Blaufränkisch, auch Zweigelt, Cabernet Sauvignon, Merlot
Namhafte Weinorte: Deutschkreutz, Horitschon, Lutzmannsburg, Neckenmarkt

Der Beiname „Blaufränkisch-Land" sagt schon, wer auf Österreichs größter Rotweininsel den Ton angibt. Der Blaufränkische ist die Basis tieffruchtiger, tanninbetonter Rotweine – mit kräftiger Struktur, feiner Säure und unverwechselbarem Charakter. Kongeniale Partner für moderne Cuvées: Zweigelt, Cabernet Sauvignon, Merlot. Die besten jedes Jahrganges kommen in Barriquefässer. Einige Weinbauern haben bis zu 80 Jahre alte Rebstöcke. Das gibt zwar geringen Ertrag, aber höchste Qualität.

Gebiet Südburgenland:

Rebfläche: 450 Hektar
Böden: meist schwerer, eisenhältiger Lehm
Sorten: Blaufränkisch, Zweigelt, Welschriesling, Weiburgunder
Namhafte Weinorte: Deutsch-Schützen, Heiligenbrunn, Rechnitz

Auch im kleinsten Anbaugebiet des Burgenlandes sind uralte Weingärten zu finden. Vor knapp 100 Jahren waren die Winzer Weinhauer unter ungarischer Krone, heute pflegen sie heimische Reben in pannonischem Klima mit intensiver, nicht zu heißer Sonnenbestrahlung. Eine echte Spezialität der Region ist der Uhudler – ein einfacher, herber Rosé aus fast verschwundenen Direktträger-Reben.

NIEDERÖSTERREICH:

Gerade einmal 20 Jahre ist es her, dass Hohn und Spott über weite Teile des Landes und seine Weinhauer hereinbrachen und die gesamte Branche daniederlag. Seitdem blieb jedoch kein (Wein)Stein auf dem anderen. Besonders epochal waren die Veränderungen, die der schlafende Riese Weinviertel durchlebte. Das einstige Sorgenkind, vom Fassweinmarkt geprägt, mauserte sich zum geschliffenen Diamanten, andere Gebiete wie etwa die Thermenregion tragen heute strahlkräftige Beinamen wie das „Österreichische Burgund", dazu die Wachau, der einst wenig schmeichelhaft sogar der „Sprung in der Marille" zugeschrieben wurde. Aus alledem ist eine homogene Einheit geworden, getragen von bestechender Qualität und dem Bemühen der Winzer, im Weingarten wie Keller stets das Beste zu geben.

Gebiet Carnuntum:

Rebfläche: 890 Hektar
Böden: Sand, Lehm, Schotter, Löss
Sorten: Hauptsorte: Grüner Veltliner, ebenfalls wichtig: Zweigelt, Blaufränkisch
Namhafte Weinorte: Göttlesbrunn, Hainburg, Höflein, Prellenkrichen

Lange Zeit im Schatten der ganz großen Regionen, avancierte Carnuntum in den letzten Jahren vom Geheimtipp zum Star – dank kräftiger Böden, dem Einfluss des Neusiedlersees und kühler Winde von den Donauauen her, und vor allem dank der jungen Winzergeneration, die das Potential zu nutzen wusste. Das Ergebnis sind heiß begehrte, „muskulöse“ Grüne Veltliner und Burgundersorten. In den Weinolymp stieg Carnuntum mit geradezu monumentalen Rotweinen (Zweigelt, Blaufränkisch, Merlot) von üppiger Frucht und reifem Tannin auf.

Gebiet Donauland (Region Wagram & Klosterneuburg):

Rebfläche: 2730 Hektar
Böden: tiefgründiger Löss
Sorten: Weiß: Grüner Veltliner, Weißburgunder, Roter Veltliner; Rot: Zweigelt
Namhafte Weinorte: Fels, Feuersbrunn, Großriedenthal (Eiswein-Mekka), Kirchberg

Es war eine einstige Laune der Geologie, die sich die Winzer am Wagram heute zunutze machen – ein eiszeitlicher Gletscher, der eine mächtige Geländestufe entlang der Donau entstehen ließ. Der Trend ist klar: naturnaher Weinbau. Dadurch zeichnet sich auch das „Collegium Vinum Wachrain“ aus.

Klosterneuburg, Sitz der berühmten Weinbauschule und Forschungsanstalt sowie des größten heimischen Privatweinguts mit sehenswerten Kelleranlagen (Chorherrenstift), liegt im Osten des Weinbaugebietes. Ebenso verlockend: urige Heurige mit Donaublick und der Sekt der Region, einer der besten des Landes.

Gebiet Kamptal:

Rebfläche: 3870 Hektar
Böden: verwittertes Urgestein auf den Berglagen, von Löss oder Lehm auf den Osthängen abgelöst
Sorten: v.a. Grüner Veltliner, Riesling, weiters Weißburgunder, Chardonnay. Rote meist als Cuvées
Namhafte Weinorte: Gobelsburg, Kammern, Langenlois, Strass, Zöbing

An der Mündung der Kamp in die Donau öffnet sich das Kamptal gegen Südosten hin – und so auch den pannonischen Klimaeinflüssen. Heiße Tage und kühle Nächte fördern Traubenreife und würzige Aromatik, Säurespiel und mineralischen, kristallklaren Charakter der Weine. Dass auch die Roten davon profitieren, versteht sich von selbst.

Zentrum der Region ist Langenlois, Österreichs größte Weinstadt. Mehr als 200 Weine, Sekte und Brände lassen sich im „Ursinhaus“ verkosten und erstehen, berühmtester Weinberg ist der Heiligenstein aus 200 Millionen Jahre altem Urgestein. Sehenswert: die Wein-Erlebniswelt „Loisium“!

Gebiet Kremstal:

Rebfläche: 2170 Hektar
Böden: Urgestein (rund um die Stadt Krems), Löss
Sorten: Grüner Veltliner, Riesling; Spezialität: Roter Veltliner

Namhafte Weinorte: Furth, Gedersdorf, Göttweig, Krems, Rohrendorf, Senftenberg

Die Geschichte der Stadt Krems, einer der ältesten Weinstädte Österreichs, ist mit jener des Weines eng verwurzelt. Romantische Gässchen, historische Prachtbauten aus Epochen wie Spätgotik, Barock und Renaissance, das Weinstadtmuseum und die Weinbauschule (seit 1875) laden zum Verweilen ein.

Die Weine spiegeln Offenheit und Zugänglichkeit der sonnendurchfluteten Ebene wider, die sich am östlichen Eingang der Wachau aus dem bis dahin engen Donautal erstreckt. Fruchtige Grüne Veltliner mit dem typischen Pfefferl, duftig elegante Rieslinge aus den Steinterrassen. Aber auch recht bemerkenswerte Rote gibt es zu entdecken – vor allem am Fuße des Stiftes Göttweig.

Thermenregion:

Rebfläche: 2330 Hektar
Böden: steinige, karge, teils auch schwere lehmige Böden
Sorten: Weißburgunder, Neuburger; Zierfandler, Rotgipfler
Namhafte Weinorte: Gumpoldskirchen, Guntramsdorf, Perchtoldsdorf, Sooß, Tattendorf, Traiskirchen

Heiße, trockene Sommer und kalte Winter – das

pannonische Klima drückt der Region, die den Thermalbädern der Antike ihren Namen verdankt, seinen unverkennbaren Stempel auf. So auch beim exzellenten „Südbahner“, wie der Volksmund den Buschenschank-Wein auch heute noch bezeichnet. Mächtige Rotweine rund um den Kurort Bad Vöslau sind hier ebenso zu finden wie Sankt Laurent, Zweigelt, Blauburgunder und Blauer Portugieser, von weichem Tannin und füllig. Und: Die alten Sorten wie Rotgipfler und Zierfandler werden oft als hochwertige Prädikatsweine ausgebaut.

Gebiet Traisental:

Rebfläche: 680 Hektar
Böden: Lössterrassen, mineralische Verwitterungs- bis hin zu Konglomeratlagen
Sorten: Grüner Veltliner, Riesling; alle Spielarten der Burgunderfamilie
Namhafte Weinorte: Getzendorf, Inzersdorf, Nussdorf, Reichersdorf, Traismauer

Die Bodenvielfalt ermöglicht es dem kleinsten Anbaugebiet Niederösterreichs, aromatische Terroirweine zu keltern. Kernfunde aus der frühen Bronzezeit verweisen auf eine uralte Weintradition, die sich an beiden Seiten der Traisen bis nach St. Pölten hin erstreckt und bei Wanderungen, etwa rund um Traismauer, durch einen einzigartigen Fernblick von den hoch gelegenen Rieden weg besticht.

Teils winzig kleine Terrassenweingärten, die vor Urzeiten in den Löss gegraben wurden, bringen Weine von herzhafter Finesse und knackiger Frucht, die führenden Winzer des Traisentals zählen zu den besten Weißweinproduzenten des Landes.

Gebiet Wachau:

Rebfläche: 1390 Hektar
Böden: verwittertes Urgestein
Sorten: Grüner Veltliner, Riesling, Neuburger, Gelber Muskateller
Namhafte Weinorte: Dürnstein, Joching, Loiben, Spitz, Weißenkirchen

Die drei Kategorien Steinfeder, Federspiel und Smaragd, in denen die Weine klassifiziert werden, sind weltberühmt. Wie auch die heiß begehrten Grünen Veltliner und Rieslinge der zum Weltkulturerbe erhobenen Region rund um das enge Donautal. Markante Eckpunkte: das Stift Melk im Westen und die Stadt Krems im Osten. Uralte, steil abfallende Rebterrassen prägen das Bild.

Unvergleichlich sind nicht nur die Weine, die sich durch klingende Frucht nach Marille und Pfirsich, üppigen Schmelz, vibrierende Kraft und Eleganz auszeichnen, sondern auch die Marillenblüte, der weithin sichtbare Turm der Stiftskirche von Dürnstein und der Zauber einer Schifffahrt an den Donauufern, die einen neuen Blick auf die berühmten Rieden freigibt.

Gebiet Weinviertel:

Rebfläche: 16.000 Hektar
Böden: Löss, Lehm, Urgestein, Schwarzerde
Sorten: Grüner Veltliner, Welschriesling, Weißburgunder, Riesling; Zweigelt. Spezialitäten: Chardonnay, Blauer Portugieser
Namhafte Weinorte: Eggenburg, Haugsdorf, Jetzelsdorf, Korneuburg, Mailberg, Poysdorf, Retz, Wolkersdorf

Eine ganze Stadt, die auf einer wasserfesten Schicht aus Lehm, Tegel und Mergel steht, teils mehrstöckige Keller, die, unbestätigten Meldungen zufolge, in ihrer Gesamtlänge jene des Straßennetzes übertreffen sollen – das ist Retz, die Stadt mit der Windmühle und das Zentrum des Weinviertels.

Heiß und trocken ist es im Land unterm Manhartsberg, einer der wesentlichen Einflussfaktoren des größten Weinbaugebietes Österreichs. Viel Sonne im Sommer und kühle Herbstwinde lassen die Trauben ideal reifen. Fruchtigkeit und Würze prägen volle Grüne Veltliner (sie machen 50 Prozent des gesamten Ertrages der Region aus), Weiße Burgunder und Rieslinge. Als Spezialitäten gelten Rote wie Zweigelt und Blauer Portugieser.

Das östliche Weinviertel bietet neben romantischen Kellergassen vor allem fruchtig-pfeffrige Grüne Veltliner, Welschrieslinge von knackiger Säure und muskulöse Weißburgunder. Hinzu kommen feine Rieslinge von den Steilhängen Falkensteins. Poysdorf wiederum liefert sehr gute Grundweine für die Sekterzeugung.

Im südlichen Weinviertel, vor den Toren der Bundeshauptstadt gelegen, zeigt sich Kultur ganz nach dem Geschmack der Wiener: pfeffrige Grüne Veltliner, Rieslinge von überwältigender Frucht, elegante Chardonnays, urige Heurige. Österreichs bester Spargel kommt ebenfalls aus dieser Gegend – die ideale kulinarische Symbiose.

Weinviertel DAC – erster Schritt in eine große Richtung:

Große Weinländer wie Frankreich (AOC), Italien (DOC) und Spanien (OC) haben es vorgezeigt – ein Vermarktungssystem mit Herkunftsbezeichnungen, die dem Konsumenten schon beim Anblick der Flasche ein klares Geschmacksprofil vermitteln. Ein Schritt, für den Österreich lange Zeit nicht reif war, den es aber dank konsequenter Aufbauarbeit im Jahr 2003 setzen konnte. Michael Thurner, Geschäftsführer der Österreichischen Weinmarketinggesellschaft (ÖWM): „Wie verwundbar unsere Weinwirtschaft mit dem Marketing von Rebsorten ist, zeigte sich 1997. Damals fand sich Grüner Veltliner aus Ungarn in österreichischen Weinregalen. Die Leute dachten, es handle sich um heimischen Wein. Rebsorten sind eben austauschbar – Herkünfte nicht!" Daher waren Ziel und Vorgabe klar: „Mit konkreten Botschaften die Vermarktung effektiver machen, ohne dafür mehr Geld aufzuwenden."

Die Weingesetznovelle 2000 trug dem Rechnung und schuf die rechtliche Basis für Weinkomitees, per Selbstverwaltung Strategien für Produktion und Marketing zu entwerfen. Und das Weinviertel war und ist die erste und bisher einzige Region, die DAC-Weine vertreibt. Mit großem Erfolg.

Aufbruchstimmung

Die Kriterien für einem DAC-Wein sind klar definiert: Der Erlaubnis zur offiziellen Verwendung der Bezeichnung Weinviertel DAC auf dem Etikett gehen kritische, sensorische Prüfungen voraus – die Weine sind trocken ausgebaute, fruchtige, würzig-pfeffrige Grüne Veltliner ohne Holznote, der Alkoholgehalt muss mindestens 12% betragen. Bereits im ersten Jahr erzeugten rund 500 Winzer eine Million Flaschen DAC-Wein, geplant sind mittelfristige Steigerungen auf fünf Millionen Flaschen pro Jahr.

Dass die steigende Weinqualität, gepaart mit DAC-Verlässlichkeit, auch den Tourismus ankurbelt, ist Teil der Aufbruchstimmung, die im Weinviertel herrscht. Gastronomen, die vor einigen Jahren ihren Gästen ein Glas Veltliner kredenzen wollten, bekamen oft genug zu hören: „Ham's denn kan anderen?" Heute verlangen viele dezidiert genau danach und kommen auch extra des „GrüVe" wegen.

STEIRERLAND:

Winzer, Weinhauer, Weinbauer – drei Begriffe, die allesamt dasselbe meinen? Mitnichten. Die Steiermark ist einmal mehr anders. In diesem Fall historisch betrachtet. Denn Winzer war, wer gegen Entgelt und gegen Überlassung landwirtschaftlicher Grundstücke, mit eigenem Haushalt, Inventar und Vieh, jene Rebanlagen bestellte, die anderen (Bürgern, Bauern, Klöstern etc.) gehörten. Und heute? Heute ist der Winzerstand weitgehend ausgestorben, der Weinbauer ist also sein eigener Winzer.

Auch im Steirerland hat der Weinskandal sein Gutes gehabt – als Initialzündung eines unvergleichlichen Aufschwungs. Die Weine wurden fortan sortentypisch und jahrgangsbetont ausgebaut, fruchtig, frisch, leicht im Alkohol, von hoher Qualität, getragen von einer jüngeren, ehrgeizigen Generation von Weinbauern. Eine Besonderheit der Steiermark ist der extrem hohe Anteil an Selbstvermarktung – 80 Prozent der Weine werden ab Hof oder über Buschenschenken verkauft, starkes Zeichen dafür, dass der Weinfreund den Kontakt zum Weinproduzenten sucht und schätzt.

Gebiet Südoststeiermark:

Rebfläche: 1110 Hektar
Böden: Basalt, vulkanische u. Verwitterungsböden, sandiger schwerer Lehm

Sorten: Welschriesling, Weißburgunder, Sauvignon Blanc, Morillon; Zweigelt, Traminer
Namhafte Weinorte: Feldbach, Fürstenfeld, Gleisdorf, Hartberg, Kapfenstein, Weiz

Tradition meets Moderne, wie es auf Neudeutsch heißt – und so werden Morillon (wie der Chardonnay hier heißt) und Sauvignon Blanc oft in Barrique ausgebaut. 2500 Hauer, meist im Nebenerwerb, bearbeiten im Schnitt eine Rebfläche von einem halben Hektar. 300 Buschenschanken vertreiben den Großteil des Ertrags. Würze und Aromatik prägen die Weine dieser Region, bedingt durch einen Segen namens erloschenem Vulkangestein. Eine der Besonderheiten ist der rosenduftige, körperreiche Traminer, auf dessen Kultivierung man sich etwa in Klöch an der slowenischen Grenze spezialisiert hat.

Gebiet Südsteiermark:

Rebfläche: 1740 Hektar
Böden: Schiefer, Sand, Mergel, Urgestein, Kalk
Sorten: Welschriesling, Sauvignon Blanc, Weißburgunder, Morillon
Namhafte Weinorte: Ehrenhausen, Gamlitz, Kitzeck (höchster Weinbauort Europas), Leutschach, Spielfeld

Es ist eine wildromantische Gegend mit steilen Hügeln, idyllischen Gehöften, bezaubernden Ausblicken, die den Besucher der Südoststeiermark lockt. Eine Region, deren Weinbauern zur Elite nicht nur Österreichs zählen. Neben den vier (oben erwähnten) Hauptsorten reift auch feinduftiger Muskateller heran, oft werden auch hier die hochreifen Weißen in Barrique ausgebaut.

Besonders reizvoll ist die Südsteiermark im Herbst – da bereichern und ergänzen gebratene Kastanien, Sturm und Traubenmost das Weinerlebnis.

Gebiet Weststeiermark:

Rebfläche: 430 Hektar
Böden: Gneis, Schiefer
Sorten: Blauer Wildbacher (Schilcher), Welschriesling, Weißburgunder; Zweigelt
Namhafte Weinorte: Deutschlandsberg, Eibiswald, Groß St. Florian, Ligist, Schwanberg, Stainz, Wies

Meist ist es Liebe auf den zweiten Schluck, die das Verhältnis des Konsumenten zu dem ehemaligen Bauerntrunk prägt. Nicht zuletzt wegen seiner extrem ausgeprägten Säure. Dank modernster Weingarten- und Kellertechnik entlocken Profis dem einstigen Rohling (Spitzname: Rabiatperle) heutzutage ungeahnte Feinheiten. Die Vinifikation geht noch weiter – und ergänzt das Schilcher-Spektrum um Spezialitäten wie Sekt und Frizzante sowie tannin- und säurebetonte Rotweine.

Mit der Marke „Weißes Pferd“ wurde der klassische weststeirische Schilcher im Jahr 1988 rechtlich geschützt. Ziel war und ist es, einem wegen seiner Beliebtheit inflationären Anbau des Schilchers entgegenzuwirken.

WIEN:

Der Wiener Weinbau dürfte wohl so alt wie die Stadt selbst sein. Nachweisbar sind die ältesten Weingärten zwar erst ab 1132, doch gab es bereits zu Zeiten der Kelten (Siedlung Vedunia) und im römischen Militärlager Vindobona Rebkulturen. Im Mittelalter waren in so gut wie allen Stadtteilen Weinberge angelegt, die aufgrund der zunehmenden „Verstädterung“ mehr und mehr an die Peripherie verdrängt wurden, gezielte Rekultivierung konnte den Prozess stoppen und teilweise auch rückgängig machen.

Rebfläche: 680 Hektar
Böden: Schiefer, Schotter, Lehm, Löss
Sorten: Grüner Veltliner, Weißburgunder, Chardonnay, Riesling; Zweigelt, Cabernet Sauvignon
Namhafte Stadtviertel: Grinzing, Heiligenstadt, Neustift am Walde, Nussdorf, Sievering und im Bereich von Kahlenberg und Nussberg; Weine vom Bisamberg werden in Jedlersdorf, Stammersdorf und Strebersdorf gekeltert, dazu die Weinorte Mauer und Oberlaa im Süden Wiens.

Ein Großteil des Wiener Rebensaftes – von 300 Weinbauern gekeltert – wird in den rund 150 Buschenschanken (davon trägt die Hälfte das Qualitätszeichen „Der Wiener Heurige“) als jener unkomplizierte Jungwein ausgeschenkt, der als Heuriger Weltruhm erlangt hat. Doch damit hat sich das Spektrum des Wiener Weines noch lange nicht erschöpft: In den Top-Lagen werden auch Rieslinge, Weißburgunder und Grüne Veltliner produziert, die mit ausgeprägter Finesse brillieren wie die Roten durch ihre hohe Konzentration.

Die schönsten Weinstraßen:

Die einen sagen, es sind 17, andere sagen, es sind 18. Denn im Gegensatz zu Niederösterreich und der Steiermark wird die Weinstraßen-Kultur im Burgenland (noch) nicht übermäßig propagiert. Und so ist unklar, ob es denn nun eine gesamte oder doch zwei Weinstraßen gibt. Rund um den Neusiedlersee führen jedenfalls zwei Routen: die Neusiedlersee Route am nordwestlichen und westlichen Seeufer und die Seewinkler Route am Ostufer. Eindeutig bedeutend für das Burgenland ist der Pannonische Herbst mit einer Unzahl von Veranstaltungen – von der Kellerführung bis zur Riedenwanderung.

In Niederösterreich ist die Sache klar und auch klar beworben: **Carnuntum, Donauland, Kamptal, Kremstal, Thermenregion, Traisental, Wachau und Weinviertel** – acht Regionen, jede mit ihrer eigenen Weinstraße (Gesamtlänge: 830 km) und jede mit einer Vielzahl von Tipps zu Weinorten (150), Winzern, Heurigen und Vinotheken ebenso wie Gaststätten, Hotels, Wanderungen und Radtouren bis hin zu Ausflugtipps und Pauschalreisen. Eine Fülle, die jeden bedruckten Rahmen sprengen würde. Alle Infos daher: www.weinstrassen.at

Die Steiermark bringt es bei drei Weinanbaugebieten ebenfalls auf acht mehr oder minder bekannte Weinstraßen. Die **Klapotetz-Weinstraße** (von Eichberg/Trautenburg bis Leutschach), die **Klöcher Weinstraße** (von Bad Radkersburg bis Fehring mit einer Ost- und einer Westroute), die **Oststeirische Römerweinstraße** (von Gleisdorf über Stubenberg bis Bad Waltersdorf), die **Sausaler Weinstraße** (von Leibnitz durch das Sulmtal bis Kitzeck), die **Schilcher Weinstraße** (von Ligist bis Eibiswald), die **Südoststeirische Hügellandweinstraße** (von Frutten-Gießelsdorf bis St. Peter am Ottersbach), die **Südsteirische Weinstraße** (von Ehrenhausen bis Leutschach) und die **Thermenland Weinstraße** (von Fehring über Feldbach und Johnsdorf zurück nach Fehring). Auch hier ist die Fülle an Informationen groß, zu finden im Internet unter: www.steiermark.com

WINES FROM AUSTRIA
A TASTE OF CULTURE

WEINVIERTEL
KAMPTAL
KREMSTAL
WACHAU
TRAISENTAL
DONAULAND
WIEN
CARNUNTUM
NEUSIEDLERSEE
THERMENREGION
NEUSIEDLERSEE - HÜGELLAND
MITTELBURGENLAND
SÜD - OSTSTEIERMARK
SÜDBURGENLAND
WESTSTEIERMARK
SÜDSTEIERMARK
NIEDERÖSTERREICH
WALDVIERTEL
MOSTVIERTEL
WIENERWALD
MARCHFELD
BURGENLAND
STEIERMARK
GRAZ
EISENSTADT
ST. PÖLTEN
48°
47°

Rebsorten – was heimisch ist und was sich heimisch fühlt

Weniger ist mehr – das gerüttelte Maß Vernunft

Unglaubliche achttausend identifizierte Traubensorten gibt es weltweit – doch wo das Übermaß droht, muss die Vernunft Maß halten. Und so werden lediglich ein paar hundert für den internationalen Weinbau herangezogen. Die Bestimmung einer Vielzahl dieser Sorten liegt im einfachen Tischwein, die Stärke dieser Tischweine ist dabei weniger in ihren (eher unauffälligen) sensorischen Merkmalen zu suchen als vielmehr darin, dass sie hohe und vor allem verlässliche Erträge liefern.

Rund dreißig der international kultivierten Traubensorten sind in Österreich amtlich klassifiziert, somit für die Produktion von Qualitäts- und Prädikatswein zugelassen – eine pragmatisch kluge Entscheidung, wiewohl gerade in unseren Breiten die Unmenge kleinklimatischer Verhältnisse und Bodenbedingungen den Anbau einiger hundert Rebensorten zuließe. Theoretisch betrachtet. Sowohl hinsichtlich Menge als auch Qualität sind die hier beheimateten Sorten unterschiedlich bedeutend. Eines sei aber gleich vorweg gesagt: Den Löwenanteil an Beeren bestreiten die Weißen, nicht einmal ein Viertel die Roten. Paraderebe ist nach wie vor mit mehr als einem Drittel des gesamten Anbauareals der Grüne Veltliner (GrüVe), bei den Roten der Blaue Zweigelt, sehr an Bedeutung gewinnt jedoch zunehmend der Cabernet Sauvignon – mengenmäßig in Österreich nach wie vor ein Zwerg, qualitativ besehen und in punkto Lagerungsfähigkeit ist der Cabernet Sauvignon jedoch einer der ganz Großen. Und auch ein nahezu unentbehrlicher Begleiter für Cuvées (siehe Lexikon auf Seite 95) aller Art.

Vor allem in Frankreich, von vielen als das Mekka des Weinbaus bezeichnet, erfreut sich der Cabernet allergrößter Beliebtheit. Aber auch in den Weinländern der so genannten „Neuen Welt“ (z.B. Kalifornien, Australien, Südafrika, Chile ...) ist der Cabernet Sauvignon nahezu aus keiner Riede wegzudenken.

Lesen Sie auf den folgenden Seiten einen kleinen Überblick über die heimischen Rebsorten (fehlende Prozentangaben basieren auf der relativen Geringfügigkeit der Anbauflächen):

Sorte	Synonyme	Herkunft/Verbreitung	Charakteristik	Wein/Bukett
Blauburger (1,82 Prozent, 883,95 ha)		1923 von Bundeslehr- und Versuchsanstalt für Wein- und Obstbau in Klosterneuburg (NÖ) gezüchtet; Kreuzung aus Blauer Portugieser x Blaufränkisch (nur in Ö, v.a. Weinviertel)	Anspruchslos; empfindlich gg. Winterfrost; gleichmäßig hohe Erträge	Farbintensiv; samtig
Blauburgunder	Pinot noir, Blauer Spätburgunder	Aus dem Burgund; im 4. Jh n. Chr. von den Römern kultiviert und verbreitet; 2/3 in NÖ, der Rest im Burgenland	Hohe Ansprüche an Klima, Boden, Lage; warme, fruchtbare, tiefgründige, kalkhältige Böden; windoffene, flache Hanglage	Rubinrot; fruchtig; an Bittermandel erinnernder Burgunderton; vollmundig, samtig; hochwertiger Wein, lange lagerfähig

Sorte	Synonyme	Herkunft/Verbreitung	Charakteristik	Wein/Bukett
Blaufränkisch (5,44 Prozent, 2640,61 ha)	Lemberger, Limberger, Kekfrankos	Herkunft ist unbekannt (vermutlich eine alte österreichische Sorte); 94 % Anbaufläche im Burgenland	Mittlere Ansprüche an Boden, unbedingt südl. windgeschützte Hanglage; reift spät; geringe Anfälligkeit gg. Fäulnis	Österreich. Spezialität, in der Jugend ungestümer, tieffruchtiger Rotwein, wird durch Lagerung samtiger und geschmeidiger
Blauer Portugieser (4,86 Prozent, 2358,18 ha)	Portugieser, Badener	Alte österreichische Rebsorte, im 18. Jh erstmals ausgepflanzt; früher meistangebaute Rotweinsorte, vom Zweigelt verdrängt; 96 Prozent Anbaufläche in NÖ	Anspruchslos; hoher regelmäßiger Ertrag, anfällig für Schädlingsbefall und empfindl. gg. Winterfrost	Sollte jung getrunken werden; in guten Jahren mild, fruchtig; weiches Tannin; duftet nach Veilchen

Sorte	Synonyme	Herkunft/Verbreitung	Charakteristik	Wein/Bukett
Blauer Wildbacher (0,96 Prozent, 464,11 ha)	(Schilcher ist eine spezielle Bezeichnung eines Rosé-Weines dieser Sorte, der nur in der Steiermark als Schilcher bezeichnet werden darf)	Alte österreichische Rebsorte, vermutlich aus keltischer Zeit; seit 16. Jh urkundlich nachgewiesen; fast ausschließlich in der Weststeiermark; bis 600 Meter Seehöhe	Anspruchslos an den Boden; warme, luftige Lagen (wegen Fäulnisgefahr); mittlerer, unsicherer Ertrag; spätreifend	Zwiebelfarben bis rubin; markante, kräftige Säure; frisch im Geschmack
Blauer Zweigelt (8,97 Prozent, 4349,73 ha)	Rotburger, Zweigeltrebe; Zweigelt	1922, Neuzüchtung der Bundeslehr- und Versuchsanstalt für Wein- und Obstbau in Klosterneuburg (NÖ); Kreuzung aus St. Laurent x Blaufränkisch; wichtigste Rotweinsorte in Ö; v.a. Burgenland und NÖ	Anspruchslos beim Boden, frühe bzw. mittelfrühe Lagen; regelmäßiger, hoher Ertrag; gute Qualität nur bei Ertragsreduktion	Als Jungwein s. fruchtiges Bukett, wird mit der Reife runder, feiner; Qualität: vom jung zu trinkenden, leichten Tischwein bis zu kraftvollen Lagerweinen;

Sorte	Herkunft/Verbreitung	Charakteristik	Wein/Bukett
Cabernet Franc	Frankreich; 1635 erstmals erwähnt; seit 1986 in Ö zugelassen als Qualitätswein; in Ö sehr selektiv und in geringer Stückzahl ausgepflanzt	Anspruchslos an den Boden (am besten jedoch Lehmböden); braucht sehr gute Lagen mit starker Sonneneinstrahlung; frostbeständig	Granatrot, sehr dunkel; ähnelt dem Cabernet Sauvignon, jedoch geringere Säure, weniger Tannin
Cabernet Sauvignon	Vermutl. Frankreich (natürl. Kreuzung von Cabernet Franc x Sauvignon blanc); 1635 im Bordeaux erwähnt; in Ö zugelassen seit 1986 als Qualitätswein; v.a. Burgenland und NÖ; wertet auch bei geringer Dosierung Cuvées mit anderen Rebsorten durch seine pfeffrige Würze auf	Beim Boden anspruchslos (am besten aber fruchtbarer Lehm); braucht sehr gute Lage mit starker Sonneneinstrahlung	Granatrot bis tiefdunkelrot; typisches Bukett von schwarzen Johannisbeeren (Cassis); viele Gerbstoffe, mit zunehmender Flaschenlagerung samtig und harmonisch

Sorte	Herkunft/Verbreitung	Charakteristik	Wein/Bukett
Merlot	Herkunft ungewiss (im Bordeaux im 18. JH erwähnt); in Österreich seit 1986 zugelassen als Qualitätsrebsorte; vereinzelt ausgepflanzt, meist als Bestandteil für Cuvées	Anspruchslos; bevorzugt aber trockene Böden, warme, mittelgute Lagen sowie mildes Klima; empfindlich bei Winterfrost	Rubinrot; grasiges Bukett, weich; wird häufig mit Cabernet Franc und Cabernet Sauvignon verschnitten
St. Laurent	Frankreich; Anbau in Ö v.a. in NÖ (2/3) und im Burgenland, rückläufig	Liebt leichte, kalkhältige Böden, sonst anspruchslos; empfindlich gg. Spätfröste; im Ertrag unsicher	Kräftiges Dunkelrot; Bukett von frischen Weichseln; herb, gerbstoffreich, extraktreich

Sorte	Synonyme	Herkunft/Verbreitung	Charakteristik	Wein/Bukett
Bouvier		Ursprünglich aus der franz. Schweiz, 1900 von Clotar Bouvier gezüchtet	Mittlere Ansprüche an Boden, unbedingt südl. windgeschützte Hanglage; reift spät; geringe Anfälligkeit gg. Fäulnis	Goldgelb, Muskatduft, vollmundig, mild, oft leichte Restsüße
Chardonnay	Morillon, Feinburgunder	Soll von Kreuzrittern ins Burgund (F) gebracht worden sein, heute weltweit; in der Steiermark als Morillon kultiviert	Anspruchslos; hoher regelmäßiger Ertrag, oidiumsanfällig und empfindl. gg. Winterfrost	Duftet nach Weißbrot & Dörrfrüchten, kräftige Weine, angenehme Säure
Frühroter Veltliner	Malvasier	Natürl. Kreuzung von Rotem Veltliner x Sylvaner	Anspruchslos, karge Böden; empfindlich gegen Winter- und Spätfroste; frühreif	Goldgelb, kein spezif. Bukett; kräftig, mild bis säurearm, würzig

Sorte	Synonyme	Herkunft/Verbreitung	Charakteristik	Wein/Bukett
Furmint		Kroatien od. Ungarn, Hauptbestandteil des ungar. Tokajer; nicht zu verwechseln mit Tokay d´Alsace; vor allem im Burgenland (Ruster Ausbruch)	Höchste Lagenansprüche, warme, trockene Böden; anfällig gegen Oidium, gute Festigkeit gegen Botrytis	Gelbgrün, intensives Bukett, ausgeprägte Säure; taugt für hohe Prädikats-Weinstufen
Gelber Muskateller	Muskateller	Vermutl. Vorderasien, zählt zu den ältesten Rebsorten der Welt, in der Wachau seit 1400 nachgewiesen.	Lagenansprüche sehr hoch, für alle Böden außer Kalk, reift spät, fäulnisanfällig, empfindlich bei Frost und Pilzbefall	Grün-gelblich bzw. goldgelb, Muskatbukett, fruchtig, säurebetont, erinnert oft an Zimt oder Zitrusschalen
Gewürz-Traminer	Roter Traminer	Unsicher (Ägypten, Griechenland, Italien), Name vom Ort Tramin (Südtirol)	Hohe Ansprüche an Boden und Lage, empfindl. bei Frost u. Kalk	Intensiv grün- bis goldgelb, ev. rötlicher Schimmer. (Rosen) Duft & Aroma ausgeprägt

Sorte	Synonyme	Herkunft/Verbreitung	Charakteristik	Wein/Bukett
Grauer Burgunder	Ruländer, Pinot gris	Burgund (14. JH), von Zisterziensermönchen nach Ö, v.a. im nördl. Burgenland, wird aber nur selten ausgepflanzt	Tiefgründige, nährstoffreiche Böden, gute Lagen; mittelfrühe Reife	Intensiv goldgelb, delikates Sortenbukett, Honigton
Grüner Sylvaner	Sylvaner	Natürl. Kreuzung von Traminer x Österreich. Weiß. 1665 erstmals in Deutschland erwähnt; fast nur noch in NÖ	Fruchtbare Böden, gute Hanglagen; anfällig gegen Winterfrost & Botrytis	Grünlich-gelb, mild und feinfruchtig
Grüner Veltliner (36,04 Prozent, 17.479,30 ha)	Weißgipfler	Herkunft unbekannt, ev. Römerzeit, im 18. JH als Grüner Muskateller in NÖ; Hauptsorte in Ö, Zentren: Weinviertel, Kamptal, Kremstal, Donauland, Wachau	Gedeiht auf mageren und fruchtbaren Böden, auf Löss- und Verwitterungsböden am besten, in der Blüte empfindlich; braucht schönen langen Herbst	Von leicht spritzig (am besten jung als Heuriger) bis zur lager-fähigen Spätlese; betont fruchtig, pfeffrig, würzig

Sorte	Synonyme	Herkunft/Verbreitung	Charakteristik	Wein/Bukett
Müller-Thurgau (36,04 Prozent, 17.479,30 ha)	Riesling x Gutedel, Rivaner	1882 von Dr. Hermann Müller (CH) gezüchtet, früher zweitwichtigste Rebe in Ö, heute aber geringe Bedeutung	Eher kühlere Anbaugebiete, Lehm- und Lössböden, gg. Winterfrost empfindlich	Säurearm, rund, leicht muskatiges Bukett, milder Geschmack
Muskat Ottonel		Vermutl. Frankreich, dürfte Spielart des Muskatellers sein (v.a. im nördl. Burgenland)	Fruchtbare, kräftige Böden, windgeschützt, sonnig; unsicher im Ertrag, frühreifend	Grünlich-gelb, intensives, muskatiges Bukett, mild, meist niedrig in Extrakt und Alkohol
Neuburger		Natürl. Kreuzung von Veltliner x Sylvaner, v.a. im Burgenland und in NÖ zu finden	Anspruchslos, bevorzugt Urgesteinsböden	Vornehm-zurückhaltend, im Duft etwas neutral, mild, kraftvoll, feiner nussartiger Geschmack

Sorte	Synonyme	Herkunft/Verbreitung	Charakteristik	Wein/Bukett
Riesling (3,39 Prozent, 1643,99 ha)	Rheinriesling, Weißer Riesling	1435 in Rüsselsheim (D) nachgewiesen, von der Wachau wg. eines urkundlich erwähnten Weingartens namens Ritzling für die eigene Region reklamiert. Der Name dürfte jedoch darauf zurückgehen, dass er gerne „verrieselt“, d.h., dass lockere, nicht homogene Trauben ausgebildet werden.	Höchste Ansprüche an Lage und Boden – duftige, rassige Weine auf Schiefer- u. Urgestein-Verwitterungsböden. Spätreifend	Charmantes Bukett, zarte Anklänge an Pfirsich, Aprikosen, Zitrusfrüchte; am Gaumen rassig und anhaltend, gut lagerfähig (v.a. bei Spät- und Auslesen u. Wachauer Smaragd)
Rotgipfler		Natürl. Kreuzung von Traminer x Rotem Veltliner; 1840 in der Steiermark erstmals erwähnt; begründete Ruf der Weine aus Gumpoldskirchen	Fruchtbare, mittelschwere Kalkböden, warme Hanglagen, empfindl. gg. Winterfrost & Botrytis; spätreifend	Goldgelb, markantes Bukett, frisch-würzig; meist extrakt- und alkoholreich; wird meist mit Restsüße ausgebaut

Sorte	Synonyme	Herkunft/Verbreitung	Charakteristik	Wein/Bukett
Roter Veltliner		Alte Sorte, Herkunft unklar (ev. NÖ)	Ansprüche an Boden mittel, an Lage hoch (warm, südlich, Hang); Gegen Winter- u. Spätfröste empfindl.; spätreifend, stark schwankender Ertrag	Grünlich-gelb, fruchtig-duftig, feinwürziges Aroma, säurebetont
Sauvignon blanc	Muskat-Sylvaner	Aus Südfrankreich, seit 1. Hälfte des 18. Jh nachweisbar	Hoher Anspruch an Standort, fruchtbare, nicht zu trockene Böden; hohe Luftfeuchtigkeit, unregelmäßiger, mittlerer Ertrag; anfällig gg. Winterfrost	Paprizierte Würze, bei hoher Reife Aromen nach Spargel, Holunder, Cassis. Frisch, anregend bei rassiger Säure, elegant, fruchtig, mittelfristig lagerfähig
Scheurebe	Sämling 88	1916 von Dr. Scheu gezüchtet (Kreuzung aus Sylvaner x Riesling);	Hoher Anspruch bei Lage, bei Boden geringer; spätreifend, mittlerer Ertrag	Goldgelb, feines kräftiges Bukett; feine Säure

Sorte	Syn.	Herkunft/Verbreitung	Charakteristik	Wein/Bukett
Weißer Burgunder (6,05 Prozent, 2935,53 ha)	Pinot blanc, Klevner	14. Jh in Burgund; v.a. Burgenland und NÖ	Hoher Anspruch an Boden (tiefgründig, Nährstoffe) und Lage; Ertrag gut bis sehr gut; empfindlich gg. Spätfröste	Bei Vollreife substanzreich, feiner, mandelartiger Geschmack u. pikante Säure; Pinot blanc entwickelt sich auch gut in der Flasche; geeignet für Cuvées und Lagerung im Barrique;
Welschriesling (8,91 Prozent, 4323,05 ha)		Herkunft Frankreich od. Italien; in Ö zweitwichtigste Sorte nach Grünem Veltliner; v.a. im Burgenland und NÖ, aber auch in der Steiermark	Tiefgründige, warme nährstoffreiche Böden; hohe Ansprüche an Lage (Süden, windgeschützt); trockenempfindl.; schöner Ertrag	Frisch-fruchtig, in der Jugend zu genießen; aber auch für tolle Prädikats-Weine (Blume und Rasse lang anhaltend)
Zierfandler	Spätrot	Vermutl. aus NÖ; fast ausschließlich in der Thermenregion; begründete mit dem Rotgipfler den Ruhm von Gumpoldskirchen	Anspruchslos bei Böden, nicht aber bei der Lage; gg. Winterfröste empfindlich, sonst genügsam; mittlerer Ertrag; spätreifend	Goldgelb; ausgeprägtes Fruchtbukett, würzig, extrakt- und alkoholreich; meist mit Restsüße hergestellt

Ein ziemlich zickiger Zeitgenosse

Er hält sich an nichts, was geschrieben steht, stemmt sich gegen Weisheiten der Lehrbücher, straft jedwedes Patentrezept Lügen und macht die hohe Schule der Weinmacherei aus – weshalb er besonderer Erwähnung bedarf: Blauburgunder, blauer Spätburgunder oder auch französisch wohlklingend: Pinot Noir – drei Namen, die für ein und dasselbe stehen: elegante Zickigkeit. Wie ließe sich ein derart eigenbrötlerischer Zeitgenosse besser charakterisieren als durch die Stimmen von Paradewinzern, denen der Pinot Noir von Mal zu Mal höchste Herausforderung und Ansporn ist:

Thomas Schwarz: „Kaum zu glauben, dass ein augenscheinlich dünner Wein, der manchmal aussieht wie heller Himbeersaft, so mächtig sein kann, so komplex und so eigenständig."

Fritz Wieninger: „Zum richtigen Boden und richtigen Klima brauchst du auch noch den richtigen Dirigenten. Der Pinot Noir ist ein Faszinosum: fragile Würze, gepaart mit unglaublicher Länge. Seine feminine Seite ist in Österreich noch kaum entwickelt. Die Frucht ist schon gefragt, doch wozu braucht man einen Burgunder, wenn man ihn dann mit Holz zubügelt. Auch die Faktoren Alkohol und Tannin, auf die du sonst hinarbeitest, zählen beim Pinot Noir nicht. Da bist du immer auf dem Weg und nie am Ziel, das ist eine Lebensaufgabe."

Axel Stiegelmar: Hierzulande herrscht Masochismus – da wird alles geliebt, was hart und untrinkbar ist. Den Pinot Noir darf man aber niemals zum Tanninmonster hochprügeln. Seine Größe ist nicht Bodybuilding, sondern überlegene Eleganz."

Ob bei der Wahl der Klone (siehe Lexikon S. 109), ob beim Ausbau – keine andere Weinsorte erregt die Gemüter derart. Die einen schwören auf Populationen, die seit Jahrhunderten in Österreich wachsen, die anderen mischen unterschiedliche Klone, wiederum andere lassen ihre Böden analysieren und schicken die Resultate in Rebschulen nach Frankreich, wo die passenden Reben ausgewählt und verschickt werden. Kurzum: Jeder Winzer verfolgt die eigene Philosophie. Prinzipielle Einigkeit herrscht nur insofern: „Beim Pinot Noir darfst du so wenig wie möglich intervenieren. Und in Sachen Holz musst du auf der Bremse stehen." Ansonsten ist alles überall anders, nur soviel ist klar: „Dieser Wein ist wie eine Diva. Der kommt, oder er kommt nicht."

Die Bio-Schiene

Von vielen belächelt, hat der biologische Weinbau in Österreich längst gezeigt, was es heißt, Top-Qualität ohne chemische Hilfsmittel zu produzieren. Was auch nicht weiter zu verwundern braucht – natürliche Ernährung der Reben führt zu geringeren Erträgen, die Folge sind süßere Beeren und eine höhere Konzentration aller Inhaltsstoffe. Trauben erreichen höhere Reife und ein Mehr an „inneren Werten". Geschickter Schnitt und Ausdünnen sind überdies förderlich. Infos unter www.bioveritas.at

Von Weinen, die sich vereinen

Die Palette reicht vom Andreaswein bis zum Zöbinger Steinjuwel – gemeint sind die rund 65 Markengemeinschaften, zu denen sich heimische Winzer regional zusammengeschlossen haben (nur drei agieren bundesweit: Bioveritas, Die Jungwinzer Österreichs und 11 Frauen und ihre Weine). Sinn dieser Kooperationen, die oft auf Initiative ambitionierter Weinerzeuger ins Leben gerufen wurden und sich in den letzten Jahren neben den Genossenschaften entwickelt haben: das Keltern eines oder mehrere regionaltypischer Weine unter einer gemeinsamen Bezeichnung.

Für gewöhnlich erfolgen Weingarten- und Kellerarbeit in Eigenverantwortung eines jeden Winzers. Eine Jury prüft die fertigen Weine dahingehend, ob sie jenen Qualitätskriterien entsprechen, die von der Gruppe selbst definiert wurden. Erst dann erwirbt ein Wein das Recht, den Markennamen zu tragen. Die Kosten für das Marketing tragen die Mitglieder zu gleichen Teilen. Die Liste aller Markengemeinschaften findet man unter www.weinausoesterreich.at/wein/markengem.htm

... und ein Kuriosum:

Sie ist fünf Meter hoch, vier Meter breit, aus Edelstahl und Buntglas, die größte Weintraube der Welt und thront im steirischen Glanz an der Weinstraße. 365 Perlen, jede für einen Tag des Jahres, stehen als Sinnbild des Jahreszyklus.

Die Jungen, die Frauen und überhaupt

Die unbändige Kraft einer neuen Generation

Sie haben noch vor ein paar Jahren die Schulbank gedrückt und zählen nun nicht nur zu den Leistungsträgern der boomenden Branche, sondern zu jenen, die als treibende Kräfte mit innovativem Geist und Mut zu Risiko und Neuem ihren angestammten Regionen den Stempel der Zukunft aufdrücken: die Jungen. Und mit ihnen in stetig steigendem Ausmaß die (jungen) Winzerinnen des Landes. Einmal mehr dient das Weinviertel als idealtypischer Fall – beispielgebend für eine Entwicklung, die den Shootingstar Weinland Österreich seit einigen Jahren mitprägt.

Von Mistelbach bis Los Angeles

„Unsere Eltern haben den Grundstein gelegt. Eine fundierte Ausbildung, Praktika im In- und Ausland und die Chance zu experimentieren", sagt Romana Haindl-Erlacher, Boku-Absolventin und Jungwinzerin, in einem Interview für das Fachmagazin „A la carte". Als ehemalige Weinkönigin trat sie in die großen Fußstapfen ihres Vaters und kämpft für einen hohen Standard am Weinsektor. Als weiß Gott nicht einzige Frau in dieser Region. Wie etwa Else

Zuschmann aus Martinsdorf. Gemeinsam mit ihrem Mann Peter Schöfmann übernahm sie den elterlichen Weinbau- und Heurigenbetrieb. Bloß: Hinter der Theke steht der Mann (mit gastronomischen Sporen an den Beinen, die von Mistelbach bis Los Angeles reichen) und im Keller die Frau. Kein Einzelfall.

Manche der Jungen sind gerade einmal knapp über 20, wenn ihnen die Eltern die Verantwortung für das Weingut übertragen. So wie Herbert Zillinger aus Ebenthal. Oder Roman Pfaffl jun., dessen Vater Roman Pfaffl sen. ihm freie Hand für den gesamten Jahrgang 2004 ließ, als Roman 21 Jahre jung war. Gleich alt wie der Kellermeister übrigens auch.

„Die Jungen gehen unvoreingenommen ans Werk und entwickeln zugleich ihren eigenen Stil“, sagt Peter Veyder-Malberg, Betriebsleiter und Önologe im Schlossweingut Graf Hardegg in Seefeld-Kadolz. „Sie wissen, was sie wollen und ziehen das konsequent durch.“ Konsequenz, die auch dahingehend vonnöten war, die vielen gemischten landwirtschaftlichen Betriebe zu trennen – da Ackerbau und Viehzucht (oft genug blieb dieser Zweig bei den „Alten“), dort Weinbau (zumeist betrieben vom Nachwuchs). Ein wichtiger, unumgänglicher Schritt auf dem Weg zur Top-Qualität.

11 Frauen und ihre Weine

Dringen Frauen in vermeintlich männliche, weil historisch gewachsene Domänen, passiert Folgendes: Erst werden sie belächelt und außer Acht gelassen, dann missgünstig-verstohlen beäugelt (und doch ein klein wenig ernst genommen), und schließlich, wenn Anfeindungen fehlschlagen und gar nichts mehr geht, in den Olymp an den eigenen Thron gehoben, mit dem Vermerk, an ihrem Aufkommen und Erfolg nie gezweifelt, ja: beides geradezu gefördert zu haben. Wein ist nicht immer anders.

Judith Beck, Birgit Braunstein, Michaela Ehn, Birgit Eichinger, Silvia Heinrich-Kanyak, Ilse Maier, Helma Müller-Grossmann, Silvia Prieler, Heidi Schröck, Rosi Schuster, Petra Unger – wenn „11 Frauen und ihre Weine“ zum Sturmlauf antreten, steht die Weinwelt naturgemäß Kopf. Wie es dann auch eintrat, als die 11 im Frühjahr 2000 erstmals „unter einem Hut“ in Erscheinung traten. 11 Namen, die für eine neue Philosophie stehen. Ein Blick auf die Homepage der Damen genügt, um zu wissen, was sie meinen: Gemeinsames Auftreten, friedvolle Konkurrenz, ohne sich ins Gehege zu kommen, Eigenständigkeit und doch Verbundenheit, nicht zuletzt durch die Freude am Experimentieren. Der Erfolg gibt ihnen Recht – und ist vielleicht mit ein Grund für den regelrechten Boom in der Weindamenwelt.

Wein & Architektur

Gigantomanie oder Aufbruch ins Morgen?

Weingüter & die Güte des Weines

Im Schlepptau des Neuen hängt die Zögerlichkeit – in Sachen Weinarchitektur ist das in Österreich nicht anders. Vorreiter waren Frankreich und Kalifornien. Dort wurde bereits in den Achtzigern zum Aufbruch in ein neues Zeitalter geläutet, spektakuläre Bauten sorgten für internationale Furore, für die erste Ausstellung (1988 im Centre Pompidou in Paris), die sich die kulturelle Vermittlung des Weines über Architektur zum Thema nahm – und für einen Bauboom in der Weinbranche. Zentrale Botschaft: Wein ist nicht bloß Alkohol, Wein ist Kultur. Das Weingut als optischer Vermittler der Güte des Weines.

Die Entwicklung

Zu jener Zeit lag Österreich noch in den Nachwehen des Weinskandals. Die Folge war, dass jene Winzer, die fortan nur noch auf Qualität setzen wollten, sich international positionieren mussten. Und dabei auf neue Standards als Orientierung in die Zukunft stießen – sei es in punkto Produktion, sei es in punkto Architektur. Nicht länger die Garage diente der Kreation neuer Weine, sondern wohlgestaltete Holzboxen und elegante Sichtbetonhallen, wo es sich stilvoll degustieren lässt. Zeichen einer neuen Identität. Dass auch mehrere Dutzend österreichischer Winzer auf den Architekturzug aufgesprungen sind, ist nur allzu logisch.

Die Kritik

Logisch ist aber auch, dass kritische Stimmen nicht ausbleiben, wenn jene astronomischen Summen kolportiert werden, die so mancher Neu- oder Zubau verschlungen haben soll. Ein besonders krasses Beispiel aus der Region La Rioja in Nordspanien gefällig? Dort setzte Meisterarchitekt und Kurvenstar Frank Gehry (Stichwort: Guggenheim in Bilbao) der Bodega Marqués de Riscal, einem der größten und renommiertesten Weingüter des Landes, die Krone auf und ließ in geschmeidiger Eintracht aus Moderne und Altgewachsenem eine „Kathedrale des Weines" gen Himmel sprießen: ein Weinhotel als Zubau mit 14 exklusiven Suiten. Bei aller Berechtigung der gigantomanischen Unkenrufe – die Harmonie, in welcher der Komplex in Form und Farbe der jahreszeitlichen Genesis eines Rebstockes nachempfunden wurde, ist allemal faszinierend. Eine architektonische Berauschung, die einzig der Preis ernüchtert: 30 Millionen Euro.

Die Ausstellung

Gut 60 Projekte engagierter Architektur wurden bislang in Niederösterreich, dem Burgenland und der Steiermark umgesetzt. Sie alle sind Thema und

Bestandteil einer Ausstellung, die ab September 2005 im ArchitekturZentrum Wien ihre Pforten geöffnet hat. Pläne, Fotos, Modelle, Skizzen, eingebettet in eine inszenierte Vitrinenlandschaft und gespickt mit 20 internationalen Bauten, aber auch Weinflaschen, Etiketten und graphische Selbstdarstellungen der österreichischen Weingüter umspannt der Bogen, der die Entwicklung vom Schlossweingut zur High-Tech-Factory zeichnet. Und die Schau zeigt auch, worauf die enge Zusammenarbeit zwischen Winzern und Architekten fußt – auf den veränderten Standards mit hoher logistischer wie technischer Komplexität zum einen, und zum anderen auf jungen Architekten und Architektinnen aus den heimischen Weinbauländern, die sich nach dem Studium ihrer Wurzeln besannen und zeitgenössische Baukunst in die Regionen trugen und tragen.

Streng unter Verschluss – ein Glaubenskrieg

Der Ärger mit dem Kork

Plopp, Pffft, Klick, Krrrrckkk

Der Ton macht auch beim Wein die Musik. Sie öffnen ein Fläschchen vom ganz Guten, und es macht klick oder krrrrckkk anstelle des vertrauten (aber gar nicht so noblen) Plopp? Kann es das sein? Endet da der Genuss bereits am Anfang, dort, wo der Rebensaft gerade erst ins Glas springt? Kaum ein Thema im unerschöpflichen Spektrum Wein löst gegensätzlichere Positionen aus – und bringt Hardcore-Traditionalisten, Pragmatiker, Modernisten und Unwissende in den Ring.

„Hätte ich mit meinen Mitarbeitern dieselben Probleme wie mit dem Korken, müsste ich zusperren."

Josef Umathum

Was soll es nun sein, das – gleichsam als Gralshüter – den edlen Tropfen bis zum Moment seiner eigentlichen Bestimmung unter Verschluss hält? Naturkork, weil alt bewährt und stilecht? Plastikkork, weil praktisch und vermeintlich gefahrlos? Schraubverschluss oder Kronkork als (unästhetisches, aber sicheres) Ende des lästigen Korkens? oder gar der neue Glaspfropfen als elegante Alternative der Zukunft?

Zehn Prozent Fehler – wer will das schon?

Bis vor wenigen Jahren noch war die Problematik eine leidige, aber, wie es schien, im höherqualitativen Bereich unlösbare, mit der es sich abzufinden galt: Korkgeschmack. Selbst in besten (Wein)Häusern gang und gäbe. Fünf bis zehn Prozent fehlerhafte Weine, bedingt durch fehlerhaften Kork. Fünf bis zehn Prozent Ausfall? Bei welchem anderen Produkt würde eine derartige Quote akzeptiert? Wohl bei keinem. Warum also ausgerechnet beim Wein? Nicht einberechnet sind hier jene Weine, die zwar keinen sofort riechbaren Fehler haben, durch schadhaften Kork aber dramatische Qualitätseinbußen erleiden. Diese so genannten Schleicher schmecken schal und bitter. Winzer sprechen von bis zu 40 (!) Prozent an Weinen, wo es heißt: „Nicht schlecht, aber der hat schon Bessere gekeltert." Gehört zur Tradition also auch, traditionellerweise die eigene Arbeit (fast schon fahrlässig) zu unterminieren, um einen mit zweifelhaften Dogmen beladenen und kostspieligen Kulturverlust zu vermeiden und der emotionalen Komponente freien Lauf zu lassen?

> „Qualität muss in die Flasche hinein – und wieder aus ihr heraus."
>
> *Bernhard Ott*

Ein verschimmeltes Stück Baumrinde

Viele Große der österreichischen Weinbranche können ein Liedchen davon singen. Willi Sattler, steirischer Topwinzer: „Du plagst dich ab, gibst alles für ein perfektes Produkt vom Weingarten bis in die Flasche – und dann kommt ein verschimmeltes Stück Baumrinde daher und macht alles zunichte." Es kommt sogar vor, dass ganze Chargen von 10.000 Stück und mehr kaputt sind. „Auch wenn dir die Korkfirma den Weinwert ersetzt – was hilft dir das, wenn du 5000 Flaschen ausleeren musst?", sagt Manfred Tement.

Hannes Hirsch, der Pionier unter den Alternativverschließern: „Paul Grieco, ein Top-Sommelier aus den USA, hat mich im Juni 2002 darauf gebracht." Der Tipp des Experten: „Füll deine Weine mit Drehverschluss, und fang bei den Topweinen an!" Der spinnt, dachte Hirsch. Bis die Reklamationen immer mehr wurden – und eines Tages ein Schlüsselerlebnis seinen Entschluss zum neuen Verschluss reifen ließ: Eine allerhöchst bewertete Trockenbeerenauslese (von neun Hektar hatte er ohnedies nur 150 Liter geernet) war bei einer Verkostung unbrauchbar, alle Flaschen korkten. Hirsch stellte um auf Drehverschluss. Und hat heute längst damit aufgehört, sich dafür zu rechtfertigen. Ob nun zwei oder 40 Prozent Ausfall. „Ich habe das Recht, mein Produkt bestmöglich zu schützen."

Sauerstoff von außen – muss das sein?

„Der Wein muss in der Flasche atmen. Daher braucht er den Kork." Auch ständiges Wiederholen macht Falsches nicht richtiger. Denn das ist, wie man heute weiß, Unsinn. Die Luft im Flaschenhals reicht für den Reifungsprozess bei längerer Lagerung völlig aus. Guter Kork ist dicht. Und kostet bis zu 70 Cent pro Stück, das Dreifache von früher. Ohne absolute Garantie.

Noch abstruser als Argument für den Einsatz von Kork ist aber dieses: „Wird auf Alternativen umgestellt, werden natürliche Fauna und Flora in den Korkanbaugebieten zerstört.“ Die Nachfrage nach gutem Kork steigt seit Jahrzehnten stetig. Deshalb wird immer mehr gedüngt, statt nach neun Jahren bereits nach sieben Jahren geschält. Faktum ist: Kork wird für Isolierungen wie auch Fußböden nach wie vor gebraucht. Die Nachfrage wird nicht so schnell sinken. Schließlich stellen viele Winzer ohnedies nicht von heute auf morgen um.

Die Alternativen

Kunststoffkork: Stöpsel aus einer Gummi- oder Teflonmischung, die Anfang der 90-er Jahre populär wurden. Die Erwartungen waren hoch und wurden enttäuscht. Denn die schwefelige Säure im Wein geht mit dem Korken chemische Reaktionen ein (hinzu kommt eine hohe Sauerstoffdurchlässigkeit), was dazu führt, dass die Weine rascher als gewünscht altern und teils auch oxidieren. Auch ist nicht auszuschließen, dass Geschmack und Geruch leiden.

Kronkorken: eine leistungsfähige, aber stigmatisierte Verschlussart, die suggeriert: Was unter Kronkork lauert, kann nix G´scheites sein. Tatsache ist:

Der Kronkork ist lange und erfolgreich erprobt. So werden z.B. auch bei der Flaschengärung und anschließenden Hefelagerung von Champagner (!) oder auch Sekt seit vielen Jahren Kronkorken verwendet, da andere Verschlüsse dem großen Druck nicht standhalten.

> „Wer macht schon Wein,
> um ihn wieder wegzuleeren?"
>
> *„Anti-Kork-Pionier"*
> *Hannes Hirsch*

Drehverschluss: besteht meist aus einer Aluminium-Legierung (korrosionsfrei) mit innen befindlicher Dichtungsfolie. Wie dem Kronkorken wird auch ihm oft der „Kulturverlust" unterstellt. Einen unschlagbaren Vorteil hat er aber auf alle Fälle: Er ist absolut dicht und beeinflusst die Qualität des Weines auf keinen Fall negativ.

Glasverschluss: Erste Großversuche mit der neuesten aller Verschlussarten wurden im Oktober 2003 gestartet. 20 Erzeuger aus Italien, Frankreich und Deutschland füllten im Vin-Lok-System ab – von Supermarkt- bis hin zu Premium-Produkten. Auch in Österreich gibt es bereits einige, die auf Glas umgestellt haben. Die Verschlüsse sind mit einer Aluminiumkappe ummantelt, für absolute Sicherheit sorgt (weil Glas auf Glas nicht dichtet) ein dünnes Folienband aus lebensmittelechtem Polyvinylidenchlorid (PVDC) am Stöpselhals. Zuverlässig und ästhetisch zugleich – die Alternative der Zukunft, wie viele Winzer schon jetzt meinen.

Sehen, riechen, schmecken, fühlen

Wo das Erleben der Sinne Sinn macht

Wer nicht zwingend alle, aber zumindest die vier richtigen Sinne (sehen, riechen, schmecken, fühlen) beisammen hat, ist mit dabei, gilt es, einen Wein in seiner Bandbreite zu erfassen. Eines vorweg, um das Schreckgespenst „einer guten Nase, die nur die wenigsten haben" auszutreiben – die Hälfte im Bereich der Weinsensorik macht Erfahrung aus, vierzig Prozent das Gedächtnis, und gerade einmal zehn Prozent bestreiten das viel gepriesene Talent und die Intuition. Also: Im Prinzip kann es jeder.

Im Liegen oder im Stehen?

Als Gast einer professionell angelegten Weinverkostung sollten Sie gewappnet sein, mit Fachausdrücken beworfen zu werden – wie z.B. „Horizontal-" oder „Vertikalverkostung". Dabei geht es nicht etwa um die Körperhaltung (im Liegen/Stehen), sondern darum, verschiedene Weine eines Jahrganges (horizontal) oder verschiedene Jahrgänge des gleichen Weines (vertikal) zu vergleichen.

Um beim Vergleich das eigene Empfinden nicht empfindlich zu stören, gibt es dennoch ein paar Grundregeln zu beachten:

Blindverkostung: Der Blick aufs Etikett verdirbt die Wahrnehmung (weil doch nur selten schlecht ist, was gut sein muss, oder?)
Rauchverbot: Raucher sind nicht prinzipiell schlechtere Verkoster, aber Zigarettengeruch beeinträchtigt stark.
Stinkerlverbot – was heißen soll: Vor der Verkostung nicht im Duftwasser baden. Auch sonstige (penetrante) Gerüche sind unerwünscht.
Ausspucken: Alkohol versetzt der Wahrnehmungsfähigkeit der Sinne einen Dämpfer, für echte Profis, die vorgeben, bis zu 100 (!) Proben am Tag zu bewältigen, also Pflicht.
Pausen einlegen: wenn die Konzentration nachlässt (bei Profis) oder der Alkohol Wirkung zeigt (bei trinkfreudigen Laien). Kleiner Tipp: Schmuggeln Sie ein Sackerl mit gekochtem, ungesalzenem Reis ein – und kauen Sie gelegentlich ein paar Körner gut durch. Das neutralisiert selbst die schwersten Hämmerweine.
Reihenfolge beachten: trocken vor süß, jung vor alt, einfach vor komplex, weiß vor rot (gilt nicht immer), zu einem guten Essen sieht es da oft ganz anders aus (Näheres später).
Anzahl eingrenzen: Sechs bis zwölf Weine für Anfänger sind genug. Steigerungen auf 30 bis 60 sind durchaus drinnen.
Sonstige Wirrnisse: Zahnpastageschmack im Mund, (Heu-)Schnupfen, verbrühte Zungen durch zu heiße Getränke.

Weiße Tischdecke: um das „Aussehen" des Weines vor neutralem Hintergrund bewerten zu können.

Das richtige Glas: Es sollte sauber, geruchsfrei, farblos durchsichtig ohne Schnörkel, kristallen, dünnwandig, ohne Rollkante und tulpenförmig (für die Konzentration der Aromen im Glas) sein.

Verkostungsliste: für den trinkfreudigen Laien doppelt empfehlenswert, weil Eindrücke ohne schriftlichen Vermerk auf ewig verloren gehen.

Allerlei Brimborium: Das bleibt bei der Thematik natürlich nicht aus – das fängt beim richtigen Flaschenöffner an und endet bei falscher Beleuchtung (wobei Neonlicht tatsächlich die Farbe des Weines verfälscht), Spucknäpfen, Dekantierungszubehör und anderem Schnickschnack.

Klare Sicht voraus

Das Auge gibt uns prinzipiell vier Möglichkeiten der Bewertung: Aussagen über

Farbe und Farbtiefe: Die Farbe stammt von den Beerenschalen (Fruchtfleisch von Weintrauben ist fast immer farblos) und entwickelt sich mit dem Alter eines Weines. Das mögliche Spektrum: grüngelb, strohgelb, goldgelb, bernsteinfarben, braun (bei Weißweinen); purpurfarben, rubinrot, kirschrot, granatrot, maulbeerfarben, ziegelrot, bernsteinrot (bei Rotweinen); lachsfarben, Zwiebelschale, hellrot (bei Roséweinen). Farbton und Tiefe geben Hinweise auf Alter, Rebsorte, Jahrgang und Herkunft.

Rotweine werden mit zunehmendem Alter blasser und bekommen einen wässrigen Rand, die Farbintensität zwischen Kern und Rand variiert stark. Tiefe Farben weisen oft auf junge, in sonnigen Lagen gewachsene Weine hin oder auf dickhäutige Reben (Cabernet). Blässe spricht für ältere Weine oder kühleres Klima und/oder regnerische Erntezeit.

Weißweine werden mit dem Alter dunkler. Jene, die nach der Gärung ins Eichenfass wandern, sind von Beginn an in ihrer Farbe etwas tiefer.

Klarheit & Leuchtkraft: Frische und Säuregehalt des Weines bestimmen die Kraft, mit der die Oberfläche Licht reflektiert. Guter Wein bildet viele Reflexe. Kristalle (vor allem bei Weißen) rühren von Weinsäure oder Salzen, die bei plötzlichem Temperaturabfall auskristallisieren.

Kohlensäure: ist (wenn überhaupt) direkt unter der Weinoberfläche an der Glasinnenseite bemerkbar und tritt bei (Jung- und) Weißweinen auf, bei Alt- und Rotweinen ist sie Zeichen von Nachgärung in der Flasche oder biologischem Säureabbau (beides unerwünscht). Bei Sekt jedoch gilt: Kleine Bläschen, die langsam aufsteigen, sprechen für Qualität.

Viskosität (Zähflüssigkeit): Restzucker und Extrakt vergrößern die Viskosität, Alkohol verringert sie.

Wenn's richtig riecht

Den wichtigsten Einfluss auf den Geruch eines Weines hat wohl die Rebsorte selbst. Wobei es nur eine einzige gibt, deren Weine direkt nach Trauben riechen: Muskat Ottonel. Ebenso wichtig sind Klima und Weingarten (Pilze, Hefe und Bakterien tragen viel zur Geruchsentwicklung bei); entscheidend auch die Techniken der Kelterung; und die Flaschenalterung (nur große Tröpferl profitieren, Zeitrahmen für den Prozess: ein halbes bis 10 Jahre).

Dreißig Millionen Experten auf der Fläche einer Briefmarke – die Rede ist von Riechzellen, die sich auf der Schleimhaut im oberen Bereich des Nasendaches tummeln. Sie können prinzipiell nicht irren, sind jedoch leicht zu irritieren durch Einflüsse wie: Fremdgerüche, (Heu-) Schnupfen, Gewöhnungseffekt (der Geruchssinn stumpft schnell ab, braucht also Erholungspausen. So lässt z.B. ein säurereicher Wein einen nachfolgenden, milderen süßer schmecken, als er tatsächlich ist), Kontrast (der Vergleich lässt die unterschiedlichen Gerüche von Weinen deutlicher werden) und Temperatur.

Perfekte Trinktemperatur und Verkostungstemperatur sind nicht eins: Was wie ein Paradoxon klingt, ist rasch erklärt – je wärmer es ist, desto höher die Flüchtigkeit der gasförmigen Duftstoffe. Ziel ist es, jene Temperatur zu wählen, die positive Attribute (aber auch Mängel) hervorhebt, wobei der Alkohol nur in dem Ausmaß verdunstet, in dem er Duftkomponenten nicht überlagert. Daher werden Weine bei Verkostungen meist um zwei Grad wärmer serviert als sie idealerweise getrunken würden.

Für aufmerksame Riecher, die mit offener Nase durch die Welt laufen, ist das Spektrum der Aromen schier unerschöpflich. So auch beim Wein, in dem sich tausende unterschiedliche Komponenten befinden können. Treffen sich diese Duftkomponenten beim Hineinriechen wie in Wellen in der Nase, ist der Wein meist komplex und vielschichtig. Duftmonotonie verspricht hingegen einen Wein von simplem Gemüt. Wichtig: Duftmoleküle verflüchtigen sich mit unterschiedlicher Bereitwilligkeit, die fragilsten von ihnen sollten also mit dem ersten Riechen aufgenommen werden, ehe das berühmte Glasschwenken folgt (ein, zwei dynamische Schwenker sind besser als ein ganzes Wellenbad), mit dem auch die schwereren Duftmoleküle befreit werden und von der Weinoberfläche aufsteigen können.

Die folgende Tabelle soll einen Überblick möglicher Aromen verschaffen, die Ihnen bei heimischen Weinen jederzeit begegnen können, wobei dem durchschnittlichen Riechkolben (vor allem in der Kategorie der Weinfehler) Grenzen gesetzt sind – oder wissen Sie, wie Stinktier und Mäuse-Urin riechen?

Fruchtig	Blumig	Pflanzlich	Holzig-rauchig	Mikro-biologisch
Ananas: reife Weiße mit Botrytis; Chardonnay aus der neuen Welt **Apfel:** frische junge Weiße **Banane:** kühl fermentierte Weiße; Rote mit Kohlensäuremaischung **Birne:** Chardonnay **Brombeere:** Blaufränkisch, Zinfandel **Erdbeere:** Pinot Noir, Uhudler **Feige:** reife Weiße mit Flaschenalterung **Gebräunte Apfelschale:** oxidierter Wein	**Akazie:** guter Schaumwein, Chardonnay **Apfelblüte:** Riesling **Holunderblüte:** Sauvignon blanc, unreifer Cabernet Sauvignon **Lindenblüten:** Sauvignon blanc, Riesling **Magnolie:** Muskat, Gewürztraminer **Maiglöckchen:** Gewürztraminer **Nelke:** Negatives Aroma **Orangenblüte:** gelber Muskateller	**Fenchel:** sowohl Rote als auch Weiße **Frisches Heu:** Sauvignon blanc **Frische Tabakblätter:** spät gelesener Grüner Veltliner **Grüne Paprika:** Cabernet Sauvignon, Sauvignon blanc **Grüner Tee:** Grüner Veltliner, Riesling **Karfiol:** Weinfehler **Knoblauch:** Weinfehler **Kraut:** Weinfehler **Linsen:** Grüner Veltliner	**Geröstetes Brot:** Chardonnay **Geröstete Mandel**: Chardonnay **Kokos:** meist aus Lagerung in amerikan. Eichenfass **Kaffee:** meist bei Roten von der Reifung in kl. Eichenfässern **Karamell:** meist bei Roten von der Reifung in kleinen Eichenfässern **Kiefer:** Cabernet Sauvignon **Kork:** fehlerhaft **Rauchig:** in kl. Eichenfässern maturiert	**Bier:** Weinfehler **Butter:** Chardonnay **Buttermilch:** Weinfehler **Essig:** Weinfehler **Faule Eier:** Weinfehler **Honig:** Riesling, botrysierte Weißweine **Kork:** fehlerhaft **Saure Milch**: fehlerhaft **Moder:** fehlerhaft **Mottenkugel:** fehlerhaft; vorzeitige, untypische Alterung **Schimmel:** fehlerhaft

Fruchtig	Blumig	Pflanzlich	Holzig-rauchig	Erdig-mineralisch
Grapefruit: Grüne Veltliner, Gewürztraminer, Scheurebe	**Pelargonien:** Weinfehler	**Rote Rüben:** Pinot Noir, St. Laurent & Zweigelt (bei zu reduktiver Kelterung)	**Schokolade:** große, dichte Rotweine	**Champignon:** Pinot Noir, botrytisierte Dessertweine
Grüner Apfel: einfache, leichte Weiße, z.B. Welschriesling	**Rosen:** Gewürztraminer	**Salatgurke:** Chardonnay aus weniger reifen Trauben	**Speck:** in Holz gereifte Rotweine	**Dünger:** fehlerhaft
Haselnuss: große Chardonnays	**Safran:** Dessertwein mit Botrytis	**Sauerkraut:** Weinfehler		**Feuerstein:** Riesling, Grüner Veltliner
Heidelbeere: Merlot	**Vanille:** Weine in Barrique ausgebaut	**Schnittlauch:** Weinfehler		**Kieselstein:** Weiße aus guter Lage; Zeichen für kühles Klima
Himbeere: Pinot Noir	**Weißdorn:** Chardonnay	**Spargel:** Sauvignon blanc		**Petroleum:** maturierter Riesling
Kirsche: Pinot Noir, aber auch Blaufränkisch, St. Laurent		**Stroh:** Chardonnay		**Schiefer:** hochwertiger Riesling aus kühlem Klima
Limette: Grüner Veltliner, Riesling		**Tomaten-Pflanzen:** Cabernet Sauvignon, Sauvignon bl.		**Waldböden:** Pinot Noir, St. Laurent
		Zuckererbse: Sauvignon blanc, Cabernet Sauvignon		
		Zwiebel: Weinfehler		

Fruchtig	Fruchtig	Fruchtig	Animalisch	Würzig
Litschi: sehr reife Sauvignon blanc, Trockenbeerenauslese, Gewürztraminer **Mandarine:** Muskat; auch Riesling **Mango:** Chardonnay, reifer Grüner Veltliner **Maracuja:** sehr reifer Sauvignon bl. **Marille:** Riesling; auch Pinot Noir **Marmelade:** zu heiß vergorener Wein **Melone:** Trockenbeerenauslese **Nüsse:** Neuburger, Pinot blanc **Papaya:** Chardonnay	**Pfirsich:** Riesling Spätlese **Rhabarber:** Blaufränkisch; Rote mit Kohlensäuremaischung **Ribisel:** Pinot Noir, Blaufränkisch; Sauvignon blanc **Sauerkirsche:** Zweigelt, St. Laurent **Schwarze Ribisel:** Cabernet Sauvignon **Stachelbeere:** Sauvignon blanc **Trauben:** Muskat **Waldbeeren:** reife, komplexe Rotweine	**Zitrone:** Riesling, Sauvignon blanc, simple Chardonnays **Zitrusfrüchte:** anspruchsvolle Weißweine **Chemisch** **Gebrannter Gummi:** Weinfehler **Kaugummi:** Einfache kühle Weiße, z.B. Welschriesling **Nagellack:** fehlerhaft	**Pferde (-stall, -decke, etc.):** bei stärkerer Ausprägung fehlerhaft **Leder:** feine maturierte Rotweine **Mäuse-Urin:** stark fehlerhaft **Stinktier:** fehlerhaft **Ziege:** Weinfehler mit langer, unangenehmer Präsenz	**Cayenne:** Cabernet Sauvignon **Dunkles Roggenbrot:** botrytisierte Süßweine **Grünes Pfefferkorn:** Grüner Veltliner **Weißes Pfefferkorn:** Grüner Veltliner **Zimt:** Cabernet, Chardonnay, Gewürztraminer

Ist Geschmack wirklich nur Geschmackssache?

Was landläufig unter Geschmack läuft, ist ein komplexer Mix dreier Sinne: Riechen, Tasten und Schmecken. Wobei das Riechen von elementarer Wichtigkeit ist. Wer schon einmal einen Schluck Kaffee in den Mund genommen, die Luft an- und die Nase zugehalten hat, kennt das: Was im Mund wahrgenommen wird, sind Säure und Bitterkeit. Das eigentliche Kaffeearoma stellt sich erst ein, wenn die Nase mitriechen darf. Kaffeearoma ist also kein Geschmack, sondern ein Geruch. Oder denken Sie nur daran, wie wenig Sie schmecken, wenn der Geruchssinn durch eine Verkühlung beeinträchtigt ist. Prinzipiell gilt: Der Geruchssinn bewertet gasförmige Moleküle, der Geschmackssinn flüssige.

Vorne an der Spitze süß, an den vorderen, seitlichen Rändern salzig, dahinter sauer und am Ende bitter – die vier Geschmackszonen der Zunge beruhen auf einer Interpretation aus dem 19. Jh und sind ein großer Irrtum. Vielmehr wurde beschrieben, an welcher Stelle der Zunge diese vier Grundrichtungen zuerst auftreten (was sie ja auch wirklich tun). Die heutige Forschung weiß: Alle Schmeckzellen schmecken alle Geschmacksqualitäten – und das sind fünf:

Süße: Es ist nicht immer da, was da zu sein scheint: Hoher Alkohol- und Glyceringehalt wie auch sehr reife Frucht können Süße vortäuschen. Süße hält Säure und Bitterkeit in Balance.

Säure: Erhöhter Speichelfluss und ein Spitzen der Lippen sind die Folge. In guter Dosierung trägt sie zu Lebendigkeit und Struktur bei, durch viel Tannin und/oder Alkoholgehalt kann sie extremer und härter erscheinen, als sie ist.

Salz: nur in geringen Mengen im Wein vorhanden und sensorisch meist nicht wahrnehmbar.

Bitterkeit: Sie kann von dreierlei rühren – zu großem Holzeinfluss; zu grober Behandlung der Trauben; dem Gerbstoff unreifer Trauben –, wird prinzipiell als unangenehm empfunden und lässt die Zunge fast schon instinktiv aus der Mundhöhle schnellen.

Umami: die fünfte Geschmacksqualität, die uns feingaumige Japaner beschert haben. Umami lässt sich beschreiben als komplexer Alterungsgeschmack eines lebendigen Organismus'. Er kann in Käse, Schwammerl und Sojasauce ebenso entstehen wie im Wein und erinnert mitunter an Trüffel, aber auch abgehangenes Fleisch. Auch Umami ist meist nicht wahrnehmbar.

Tasten – das richtige Feeling und Timing

Er gilt bei der Weinsensorik als Stiefkind, ist jenem der Fingerspitzen von Kleinkindestagen an ums Doppelte überlegen (wegen der höheren Dichte an Rezeptoren) und bleibt es auch im Erwachsenenalter – der Tastsinn der Zunge. Den Tastsinn betreffende (taktile) Aspekte sind aber nicht zu jeder Zeit gleich ausgeprägt, die da lauten:

Alkoholgehalt: Weine mit mehr als 13 Prozent Alkohol erwecken bereits beim ersten Riechen ein Wärmegefühl an Nasenspitze und Oberlippe.
Dynamik: am ehesten mit jenem Eindruck zu erfassen, den die Kohlensäure von Schaumweinen oder jungen Weißen hinterlässt – gemeint sind Vibration, Elastizität und Reibungswiderstand.
Körper: die mundfüllende Wirkung eines Weines, das Ausmaß des Gewichts (als Summe von Alkohol, Glycerin, Restsüße und anderen Extrakten).
Länge des Abganges: Zeitraum, in dem ein Wein vom vorderen Gaumen in die hinterste Rachenspitze sensorische Eindrücke hinterlässt. Drei bis vier Sekunden sind kurz, vier bis acht mittel, acht bis zwölf lang, darüber hinaus geraten Stoppuhr-Schnösel in Schwärmereien von Unendlichkeit.
Tannin und Textur: Gerbstoffe (Tannin) erwekken das Gefühl von Reiben, Scheuern oder Austrocknen. Beim Gesamtgefühl eines Weines im Mund spricht man von Textur, wobei gilt: Bei Roten bestimmt das Tannin weitgehend die Textur des Weines. Tannin ist durch Streichen der Zunge über den oberen Gaumen zu ertasten.

Von ersten und gesamten Eindrücken

Der erste Eindruck mag der beste sein, nicht aber der gesamte. Oft ist es schwer, Empfindungen in Worte zu kleiden. Beim Wein umfasst der Gesamteindruck Komponenten wie Abgang (von rustikal bis komplex), Ausgewogenheit (harmonisch oder auch nicht), Charakter (von derb bis mächtig) und Struktur (schmalbrüstig bis breitschultrig). Die Schlussfolgerungen reichen von Herkunft, Jahrgang, Marktwert, Potential (ab wann oder bis wann ist ein Wein zu trinken, wobei zu bemerken ist: Nur fünf Prozent aller Weine (!) eignen sich zur längeren Flaschenlagerung) und Qualität bis zur Traubensorte.

Apropos Traubensorte: Von allen Kriterien ist das jenes, das von Möchtegern-Weingurus am häufigsten bewertet wird (mit einem Treffer lässt sich Eindruck schinden) und das bei der sensorischen Bewertung eines Weines die geringste Rolle überhaupt spielt. Die Trauben einer guten Weinbewertung hängen weit höher als ihre bloße Sorte.

Übrigens: Die Hauptsache ist, es schmeckt!

Wenn's falsch aussieht, riecht oder schmeckt
Weinfehler – und solche, die gar keine sind:

Brettanomyces: oft auch als „Brett" bezeichnet – rührt von geringem Schwefeleinsatz oder Hygienemangel, ist eine Hefegattung und kommt in Fässern, auf Trauben und im Wein vor. Charakteristisch sind „Aromen" wie Bauernhof, Heftpflaster oder Ledersattel (nach langem Ritt).

Depot (Ablagerungen in der Flasche): ein „Weinfehler", der keiner ist.

Flüchtige Säuren: Säuren, die sich vom Wein durch Destillation trennen lassen. Kommt etwa Essigsäure in zu hoher Konzentration vor, ist beißen-

der Essiggeruch die Folge. Möglich sind Gerüche wie Nagellackentferner oder Superkleber.
Korkgeschmack: der häufigste Fehler bei Flaschenweinen. Kork wird bei der Produktion mit Chlor behandelt, das mit Phenolen im Kork reagieren und das so genannte Trichloranisol (TCA) bilden kann. Auch verseuchte Weinfässer und sogar Weingebäude oder Holzpaletten können den Wein mit Schimmeltönen infizieren.
Korkteilchen: Korkflankerl auf der Weinoberfläche – nicht der Rede wert, leicht zu entfernen.
Mäuseln: äußerst unangenehmer Fehler. Geruch von Mäuse-Urin oder Popcorn, am Gaumen beißende, metallische Bitterkeit.
Oxidation: durch übermäßigen Kontakt des Weines mit Sauerstoff. Erkennbar durch frühzeitige Brauntöne, Verlust an Fruchtigkeit und Leuchtkraft, Geruch nach braunen Apfelschalen.
Sichtbare Kohlensäure in Stillweinen: speziell bei tanninhaltigen, reifen Roten ein Hinweis auf unerwünschten Säureabbau oder Nachgärung, nicht so bei jungen Weißen oder Roséweinen, gelegentlich auch bei einfachen Roten.
Sulfide und Mercaptane (Volksmund Böckser): Bei der Weinbereitung natürlich entstehende Verbindungen von Schwefel mit Metallen oder Wasserstoff (Geruch von faulen Eiern!) lassen sich durch einfache Belüftung leicht beseitigen. Bemerkt der Winzer den Gestank nicht, können Mercaptane (komplexere Schwefelverbindun-

gen) entstehen. Folge: Geruch von verbranntem Gummi, Stinktier, ranziger Knoblauch etc. Am Gaumen bedeutet das extreme Bitterkeit.
Trübungen und Schleier: sehr selten in Flaschenweinen anzutreffen. Besonders schlimm: wenn der Wein zäh oder dickflüssig ist und sein Geruch Ekel erregt. Ursache: Hygienemangel.
Weinstein: Das sind Kristalle von Kaliumsalzen, die (vor allem bei Weißen) durch plötzlichen Temperaturabfall oder lange Flaschenlagerung entstehen. Für Liebhaber von Altweinen ist Weinstein sogar ein Zeichen von Komplexität und Reife.

Eine teuflische Sexfalle

Nur als Ergänzung, weil es so schön ist: Um dem Traubenwickler, einem gefürchteten Schädling, zu begegnen, setzten Winzer in Rust bei einem Pilotversuch auf die Macht des Paarungswillens: Die Raupen der so genannten Heuwurmgeneration nagen sich nach dem Eierschlupf in den Blütenstand ein, Ende Juli/Anfang August bohrt sich die Sauerwurmgeneration in die Beeren. Fazit: Sie werden ausgehöhlt, von Grauschimmel befallen und bleiben unreif und sauer.

Was nun passiert, ist etwas Einmaliges: der Mensch sorgt für sexuell motivierte Orientierungslosigkeit. Indem er Sexuallockstoffe mittels Duftstoffverteilern ausbringt und die Männchen derart verwirrt, dass es zu keiner Paarung kommt. Die Eier werden unbefruchtet abgelegt.

Wein und Essen – ein Traumpaar?

Das Gesetzbuch der Gesetzlosigkeiten

Man beträufle die Artischocke mit ein Zitrone, auf dass der Wein nicht metallisch bitter schmekke. Oder seltsam süß. Oder serviere sie gleich mit einer Vinaigrette. Bloß – da ist Essig drin, und Essig heißt: Gefahr! Säure muss auf Säure abgestimmt sein, ja, ja, leichte Süße als Ausgleich hilft. Was aber, wenn Fisch oder Gemüse eingelegt waren? Dann doch die Vinaigrette, da ist man auf der sicheren Seite. Sofern man fünf Teile Öl auf einen Teil Essig nimmt. Und bei Walnussöl? Passt das zum Chardonnay? Und der Balsamico? Oder lieber doch ein Bier ...

Wer Regeln aufstellt, provoziert ihre Umgehung. Die Doktrin, wer mit wem wo muss oder keinesfalls darf, ist Weinstein von gestern. Nicht zuletzt, weil unsere Zeit auch in Sachen Kulinarik von multikulturellem Austausch geprägt ist. Heute wird wie selbstverständlich in Variationen und Kombinationen gekocht, wie sie früher nicht einmal angedacht worden wären. Was zur Reduktion des ambivalenten Verhältnisses von Wein und Essen auf zwei Basisstrategien führt: Ähnlichkeit und Kontrast. Wobei zu sagen ist: Wein wie Speise beeinflussen den sinnlichen Genuss des anderen. So werden einfachste Lebensmittel durch guten Wein ebenso zum Erlebnis wie schlichte Tropfen durch Erlesenes vom Teller.

Aufs Neue von den fünf Geschmacksrichtungen ausgehend, lassen sich Tendenzen erkennen, wer mit wem dank grundlegender Eigenschaften gut können müsste und wer nicht. Was bleibt, sind Vorschläge und die Erkenntnis, dass erlaubt ist, was verboten ist.

Zum Thema Bitterkeit: Bitterkeit verlangt Kontrast. Stehen etwa Chicoree oder stark über Holz gegrilltes Fleisch auf dem Speisezettel, ist ein körperreicher Wein mit wenig Tannin ideal. Wie umgekehrt: Tanninreiche Weine schreien nach herzhaften Speisen voller Proteine. Bittere Speisen + Wein voller Bitterstoffe = bittere Enttäuschung.
Zum Thema Salz: Da ist der Selbstversuch angesagt – trinken Sie ein Schlückchen eines jungen, harten, tanninreichen Weines und dazu ein Stück gereiften Parmesans. Der Wein wird viel runder und weicher. Der Schluss: Tanninreiche Weine harmonieren mit salzigen, proteinhältigen, vollmundigen Speisen, leicht salzige, zarte Weine lieben z.B. Salzwasserfische oder Muscheln.
Zum Thema Säure: Hier gilt das Gleich-und-gleich-Prinzip: Säurebetontes Essen (roh marinierter Fisch, Speisen mit Zitrusfrüchten etc.) lässt den ähnlich säurebetonten Wein milder erscheinen. Zuviel Säure darf nicht sein – und ist mit Zugabe von umamihältigen Ingredienzien wie Fleisch, Geflügel, Nüssen, Parmesan leicht zu korrigieren.

Zum Thema Süße: Zumeist ist Harmonie statt Kontrast angesagt. So geben viele asiatische Zutaten wie Nuoc Cham oder Hoisin Sauce Fleisch, Fisch oder Gemüse eine süße Note, die auf Weinebene den Halbtrockenen verlangt. Wie auch der Süßigkeitsgrad eines Desserts mit der Restsüße des Weines abgestimmt sein sollte. Bei traditionellen Saucen aus unseren Breitengraden lassen sich faszinierende Resultate mit der Beigabe von (Trocken-) Früchten erzielen.

Zum Thema Umami: Wer auf komplexe Tröpferl setzt, setzt auf Umami (sagen die wenigen ausgewiesenen Umami-Experten). Und am besten auf einfache, edle Speisen von milder Erlesenheit, die widerspiegeln, was der Wein verspricht.

Jung vor Alt und Leicht vor Schwer und Weiß vor Rot?

Das größte Problem sind die Hemmungen, mit festgefahrenen Klischees zu brechen. Wobei es hilfreich sein kann, wenn der nachfolgende Wein Gefahr läuft, durch die Wucht oder Intensität des vorherigen geradezu erschlagen zu werden. Ein wenig neutralisieren mit Wasser oder Weißbrot hilft.

Und Trocken vor Süß? Süßweine werden mitunter als Aperitif serviert. In anderen Ländern. Soviel zum Thema persönlicher Geschmack.

Hell & Weiß und Rot & Dunkel?

Ein Roter zum Hendl? Bei herzhaften Saucen, kräftig und mit Rotwein zubereitet, kein Problem.

Wie auch ein gehaltvoller Weißer (Barrique?) zur dunklen Fleischfaser passt. Wie auch ein Roter mit Fisch in trauter Eintracht stehen kann (wiewohl das Tannin eines Rotweines und Fisch sich wie folgt zueinander verhalten: Das eine lässt den anderen metallisch schmecken, der andere den einen gnadenlos hart und bitter). Das Zauberwort lautet einmal mehr – Umami. Ein paar Pilze, getrocknete Tomaten etc. und dazu ein leicht gekühlter Blauburger. Herrlich.

Und die großen Weine? Müssen die immer erst dann kommen, wenn die einfachen Gaumen und Kopf zugedröhnt haben? Wenn alles satt und voll und so gar nicht aufnahmebereit ist? Regel einfach auf den Kopf stellen – na, wie wär's?

Und wie ist es nun mit Salat? Wo doch längst nicht mehr so säuerlich mariniert wird wie in früheren Tagen? Wo doch der Salat von heute auch schon mit allerlei Exotischem aufwarten kann wie Käse, Nüsse, Pilze, Fleisch und Fisch und allerlei mehr? Antwort: Es gibt keinen vernünftigen Grund, dem Salat die Begleitung durch Wein zu untersagen.

Und die alte Regel, dass – wenn mit Wein gekocht wird – auf den Tisch muss, was im Topf ist? Soviel ist klar: Wein konzentriert sich beim Kochen stark, womit zum Trinken ein wesentlich gehaltvollerer Genosse angesagt wäre.

Letzten Endes aber ist alle Theorie dunkelgrau und jede Benennung Schall und Rauch – nämlich dann, wenn der Lieblingswein auf dem Tisch steht. Denn der passt so gut wie überall.

Das Lexikon für Weinbeißer

Ein simples Fach für Fachsimpler?

Wer in die Fachsimpelei zweier Eisenbahner gerät, kann leicht und rasch im Wortsinne nur Bahnhof verstehen. Nicht anders bei der Unterhaltung zweier Weinbauern, Önologen, Sommeliers etc. Denn wie viele andere Zweige auch, hat die Weinbranche ihre eigene Sprache. Dass dabei bisweilen allerlei Schindluder getrieben wird – man denke nur an das Gewäsch selbst ernannter „Experten" – ist der Schatten, den jedes Licht wirft. Wobei gilt: Wer wahllos mit Vokabeln um sich wirft, gerät nur allzu leicht ins eigene Sperrfeuer. Es gibt bereits mehr echte Kenner und Wissende, als man glaubt. Und täglich kommen neue hinzu. Die Gefahr, einem echten Experten das Mysterium Wein erörtern zu wollen, ist eine stetig wachsende. Zurückhaltung ist also nicht nur beim Verzehr (im Zurückhalten schluckt es sich bekanntlich leichter) angesagt, weniger ist auch hier mehr.

Weinsprache und Weinansprache

Wein spricht Bände, Wein spricht für sich und er tut es auch dann noch, wenn es seinem Gegenüber außerhalb des Glases nach übereifrigem Genuss längst die Sprache verschlagen hat. Dennoch machen Weinansprache (womöglich daher, weil man zu vielen Tröpferln Sie sagen sollte? Siehe auch Lexikon S.123) und Weinsprache durchaus Sinn und haben ihre Berechtigung. Zum einen, weil jeder Fachjargon zum besseren Verständnis Gleichgesinnter ohne große rhetorische Umschweife und auf kurzem Wege führt (man denke etwa nur an die unerschöpfliche Vielfalt von Worten im Weinbau selbst, ganz zu schweigen von Weinbeschreibungen im Rahmen der Weinsensorik – Näheres dazu im Kapitel „Sehen, riechen, schmecken, fühlen" auf Seite 66 und im wunderbar informativen Buch „Weinsensorik" von Julia Sevenich). Dass dabei manch Außenstehender abgeschreckt wird, liegt in der Natur der Sache und nur allzu oft im Mund derer, die sich dieser Sprache bedienen. Vor allem dann, wenn zweideutige, übertriebene, ungenaue oder gar unsinnige Ausdrücke fallen. Zu esoterischer Spinnerei und Snobismus ist es da meist nicht mehr weit hin. Und zum anderen macht Wein(an)sprache Sinn, wenn sie aus Wein kein entrücktes Mysterium macht, sondern Begeisterung wie Kritik gleichermaßen entfacht und artikuliert für ein mehr als nur interessantes Volksgetränk. Daher auch nachstehendes, nicht immer ganz konventionelles Glossar:

A

Abfüllschock: Nach dem Abfüllen kann für einige Wochen Stumpfheit im Geschmack des Weines auftreten.

Abgang: nicht das rasche Verschwinden des Weingenießers, ohne die Rechnung zu begleichen – nein: vielmehr der so genannte Rückgeruch (Nachgeschmack) des Weines.

Abstich: (sehr arbeitsintensives) Abziehen des geklärten Weines aus einem Fass vom Geläger. Gerade bei kleinen Fässern (**Barriques**) notwendig. Der Wein wird so von Trubstoffen (s. Geläger) befreit.

Abstoppen: Unterbrechung der Gärung, um natürlichen Restzucker zu erhalten.

Achterl: Mit 0,125 Liter die Grundeinheit österreichischer Weinseligkeit. Selbst beim Heurigen, jahrzehntelang die Hochburg des Vierterls, hält das Achterl mehr und mehr freudigen Einzug. Besondere Ausprägungen des Achterls: Stehachterl (für sitzfleischlose Gemüter) und das berühmte Fluchtachterl im Gehen. Bleibt der Trennungsschmerz auch danach unüberwindlich, folgt ein Panik-Achterl, ganz Hartnäckige wurden auch schon beim Katastrophenachterl gesehen.

Adstringierend: Weine mit vielen Gerbstoffen (**Tannin**) hinterlassen zumeist bei Rotweinen am Gaumen herben, bitteren Geschmack, der die Mundhöhle ausfüllt. Ist er zu stark, beeinträchtigt er den Geschmack negativ. Spülen mit Mineralwasser hilft.

Agraffe: kleiner Drahtkorb, mit dem der Kork einer Sektflasche gesichert ist.

Alltagswein: gerne auch als, no na, „Trinkwein" bezeichnet (was ist dann der Schüttwein?) – gemeint sind junge, schlichte Weine, die im ersten Jahr nach der Lese getrunken werden sollten und durch längere Lagerung nicht gewinnen, eher verlieren.

Alte Reben: Rebstöcke gelten ab 30 bis 35 Jahren als alt. Trauben alter Rebstöcke tragen weniger und kleinere Beeren, die Weine sind daher häufig sehr reich an Extrakt, Alkohol und **Aroma**. Durch ihr weit verzweigtes Wurzelwerk bewähren sie sich gerade in trockenen Saisonen sehr.

Alte Welt: Europa, Mittelmeerbecken, Naher Osten, Nordafrika. Im Gegensatz zur Neuen Welt des Weinbaus (Neuseeland, Kalifornien, Chile, Südafrika …)

Altwein (Alter): Sobald nach Martini am 11.11. der Heurige angeboten wird, heißt der vorherige Jahrgang so (beim Heurigen/Buschenschank)

Altfassgeschmack: Ältere oder zu lange leer im Keller stehende Fässer können einen muffartigen Ton einbringen. Wird auch mit Korkgeschmack verwechselt.

Amerikanische Eiche: Holzart, die einen stärkeren Geruch & Geschmack (Bounty, Vanille) an den Wein abgibt als andere.

Ampelographie: hat nichts mit Verkehr zu tun – Rebsortenkunde.

Anreicherung: Zuckerzusatz, um späteren Alkoholgehalt zu erhöhen (Aufzuckerung). Das Weingesetz regelt die erlaubte Menge.

AP: amtliche Prüfnummer, die jeder Qualitäts- und Prädikatswein tragen muss.

Apfelsäure: eine der beiden wichtigsten organischen Säuren im Wein. Ein hoher Anteil verleiht eine frische Note, bisweilen eine unreife, saure.

Appellation: kontrollierte Ursprungsbezeichnung.

Aroma: entstammt dem Griechischen und hieß ursprünglich Gewürz. Gemeint ist das positive Aroma des Weines.

Asche: Gesamtheit aller Mineralstoffe und Spurenelemente im Wein.

Assemblage: Verschnitt verschiedener Bestandteile, die den späteren Wein ausmachen, z.B.: Rückverschnitt mit einem Teil Wein, ausgebaut in Holz, und dem anderen in Edelstahl. So soll ein gewünschter Weintypus erreicht werden.

Atmen: Nicht nur der Trinkende, auch der Wein muss Luft holen. Bloßes Öffnen (auch Stunden vor Verzehr) bringt nichts, da die Flaschenöffnung zu klein ist. Wenn schon, dann dekantieren.

Auffüllen: Holzfässer müssen regelmäßig aufgefüllt werden, um eine Oxydation zu vermeiden.

Aufrühren: Während der Weinbereitung wird die Hefe in gewissen Abständen aufgerührt, um den Weinkontakt zu gewährleisten.

Auge: Sehbehelf des Weinbauern, hier aber die Knospe des Rebstocks.

Ausbau: alle Kellerarbeiten, von der **Gärung** bis zur Abfüllung.

Ausbruch: speziell im Burgenland gepflegter

Weinstil, ist verwandt mit dem ungarischen „Aszú", was soviel heißt wie das Ausbrechen edelfauler (Botrytis Cinerea) Beeren. Der Most des Ausbruchs muss mindestens 27 Grad **KMW** aufweisen und aus überreifen, edelfaulen, eingetrockneten Beeren stammen. Liegt zwischen **Beeren-** und **Trockenbeerenauslese**. Typisch: blumiges, würziges Aroma (oft mit Geranien oder Anis assoziiert).

Ausflocken: Rückstände im fertigen Wein aus unterschiedlicher chemischer Herkunft (Filterung, Zusatzstoffe). Muss nicht immer ein weintechnischer Fehler scin.

Auslese: Prädikatsstufe. Qualitätswein.

Ausstich: alte klösterliche Bezeichnung für das beste Fass im Keller.

Avinieren: Ein Weinglas vor dem Benutzen „weinfreundlich" machen – d.h. mit etwas Wein ausspülen, um Fremdgerüche (Spültuch, Schrank …) zu eliminieren.

B

Banderole: Jede Flasche (Ausnahme: **Tafel-** und **Landwein**) muss zwecks Mengenregistrierung mit einer streifen- oder kreisförmigen Banderole versehen sein.

Barrique: viel zitiert (strapaziert) und oft missbraucht. Die Idee, Wein durch Holz in Geschmack und Aroma zu beeinflussen, entsprang nicht etwa einem genialen Hirn, sondern schlicht den Beobachtungen, die schon vor Jahrhunderten gemacht wurden, als Wein in Holzfässern transportiert wurde und sich dabei veränderte. Die Veränderungen gefielen und wurden kultiviert. Unter Barrique ist mittlerweile eher eine Art Weinstil zu verstehen, ein Barriquefass ist ein Fass aus neuer, an der Innenseite geflämmter Eiche, misst 225 Liter Inhalt (Bordelaiser Maß). Es besitzt im Vergleich zu größeren Fässern eine in der Relation größere Oberfläche zur Gesamtmenge des eingelagerten Weines, kann schneller reifen und gibt Aromastoffe und Tannine an den Wein ab, Geschmacksnoten wie Kaffee, Karamell und Vanille begleiten den Weingenuss. Das beste Eichenholz kommt aus dem französischen Zentralmassiv (Allier, Nevers …), aber auch aus amerikanischer, russischer und slowenischer Eiche werden Fässer gebunden. Und sogar aus heimischer Eiche vom Manhartsberg. Barriqueweine sind in so gut wie allen Weinbauregionen in Österreich stark vertreten, eher zurückhaltende Ausnahme: die Wachau.

Baumpresse: die älteste aus dem Dreigestirn der Baum-, Zwang- und Spindelpressen, die früher zur Anwendung kamen. Echte Traditionalisten nehmen sie auch heute noch her, weil das Lesegut im Korb extrem sanft und schonend gepresst wird (das Nonplusultra an Sanftheit sind heute jedoch pneumatische Pressverfahren mit aufblasbaren Kunststoffballons). Bei der Baumpresse wirkt der Pressbaum als Hebel und übt, mit einem bis zu einer Tonne schweren Stein beschwert, Druck auf die **Maische** aus. Und sie kann auch zum mörderischen Instrument werden, wie Landgendarm Simon Polt in Alfred Komareks Krimi „Polterabend“ erfährt.

Beerenauslese: Prädikatswein von überreifen oder von **Botrytis** befallenen Trauben, Mostgewicht von 25 Grad KMW. Der Produktionsaufwand einer „BA“ ist enorm – ideal gereifte Beeren werden bei der Lese aussortiert, die Weine gelten als jeweilige Essenz der betreffenden Sorte.

Bergwein: stammt aus Weingärten mit Hangneigungen über 26 Prozent und darf in 0,75 und 0,375 l Flaschen abgefüllt werden, auch wenn er sensorisch die Stufe „**Qualitätswein**“ (mind. 15 Grad KMW) nicht erreicht.

Biologischer Säure-Abbau (BSA): auch als malolaktische Säureumwandlung (Malo) bezeichnet. Unreife Apfelsäure wird in die weichere Milchsäure umgewandelt. Derart wird der Wein harmonischer und stabiler. Erfolgt der Abbau unkontrolliert, können unerwünschte Geschmacksnoten wie Sauerkraut auftreten.

Bittl: bitterer Ton im Abgang durch Trockenschäden oder zu stark ausgepresstes Traubenmaterial (Kerne werden zerstört und geben Bittertöne ab).

Blatt-Management: das durchdachte Verhältnis zwischen Weinblättern und Traube pro Rebe. Es fördert mitunter die physiologische Reife.

Blau: Über den Zustand beträchtlicher Berauschung hinaus weist „Blau“ auch auf Rotweintrauben hin (z.B.: Blauer Zweigelt), „Rot“ hingegen meist auf weiße Sorten (Roter Veltliner …).

Blauschönung: Kellerausrüstungen bestanden früher aus Eisen, Kupfer oder Bronze. Die Metalle wurden bei längerer Lagerung von den Weinsäuren angegriffen – der Wein sollte daraufhin geschönt werden (Entfernung von überschüssigem Eisen und Kupfer). Die Blauschönung ist heute zumeist verboten, weil man vermutet, dass sich im fertigen Wein giftige Blausäure bilden könnte.

Blind: in der Weinsprache die Vorstufe von trüb.

Blindverkostung: der Feind eines jeden Markenfuzzis. Der Koster sieht das Etikett nicht, die einzig ehrliche Art, Weine zu beurteilen.

Botrytis Cinerea: ein Schimmelpilz, der nicht nur Weintrauben, sondern auch andere Obst- und Gemüsesorten befällt. Der Pilz perforiert die Beerenhaut, das enthaltende Wasser verdunstet, der Gehalt an Zucker- und Extraktstoffen steigt. Botrytis ist Grundvoraussetzung für das Gedeihen von Süßweinen (Honigaroma) – sonst, vor allem bei Rotweinen, zieht sie unerwünschten, muffigen Fäulnisgeschmack nach sich. Von Botrytis hervorgerufene Graufäule ist eine der schlimmsten Rebenkrankheiten überhaupt und kann ganze Weinberge schwer in Mitleidenschaft ziehen.

Bouquet: auch Bukett, Blume oder Nase genannt – gemeint ist der Geruch. Unterschieden wird zwischen Sortenbouquet (sortentypische Aromen), Sekundärbouquet (vom Ausbau geprägt) und Tertiäraroma (v. fortgeschrittener Flaschenreife).

Buschen: stammt aus dem Mittelalter, als der

„Weinrufer“ mit einem Bündel an Zweigen (dem Buschen) durch Wiens Straßen lief, sobald die Weinausschank nach strengem Qualitätstest durch den beamteten Weinprüfer gestattet war. War die Kunde vom Öffnen des Heurigen (nur Wein aus Eigenbau wird angeboten) durch die Stadt getragen, wurde der Buschen ausgesteckt – also an einer Stange am Eingangstor des Weinerzeugers befestigt.

Buschenschank: siehe Heuriger

Buschenschankgesetz: definiert die Rahmenbedingungen für den Ausschank. Unter anderem dürfen (Auszug aus dem niederösterreichischen Gesetzestext) nur „Räume oder allfällige sonstige Betriebsflächen … der Ausübung des Buschenschankes dienen, die zum landwirtschaftlichen Betrieb des Buschenschenkers gehören“. Ausgeschenkt werden dürfen (tage- oder wochenweise) neben Mineral- und Sodawasser „höchstens zwei Sorten eines alkoholfreien, kohlesäurehältigen Erfrischungsgetränkes“. Ferner ist „die Verabreichung von kalten Speisen mit Ausnahme von Süßspeisen gestattet“, an Mehlspeisen feilgeboten werden dürfen: „Grammel- und Schmergebäck, Bauern- und Schmerkrapfen, Prügelkrapfen, Pofesen sowie nach typischen bäuerlichen Rezepten hergestellte Obstkuchen aus eigener Erzeugung.“ Weitere Auflage: eine Tafel beim Aus-g’steckt-Buschen mit Namen des Buschenschenkers, Sperrstunde ist 24 Uhr, vor sechs Uhr früh darf nicht aufgesperrt werden.

C

Cassis: schwarze Johannisbeere (Ribisel); typisches Geschmacksmerkmal in Cabernet Sauvignon, jungen Blaufränkisch-Weinen und Sauvignon blanc.

Chambrieren: den Wein auf die ideale Trinktemperatur bringen. Könnte mit Antichambrieren (sehr beliebt im Vorzimmer des Vorgesetzten) insofern zu tun haben, als der Chef ja auch auf gut verträglicher Betriebstemperatur gehalten werden will und sollte.

Champagnermethode: nicht mehr zulässiger Begriff für die Flaschengärung von Schaumweinen.

Cuvée: ursprünglich aus der Champagne stammender Begriff für den Verschnitt verschiedener Grundweine (verschiedene **Lagen**, Jahrgänge und Rebsorten). Heute meint die Cuvée allgemein die Mischung verschiedener Weine – nicht Rebsorten.

D

DAC (Districtus Austria Controllatus): Modell über eine Neuordnung der österreichischen Weinanbaugebiete auf Basis der derzeitigen 16 Anbaugebiete mit den gesetzlichen Qualitätsanforderungen. Innerhalb der drei großen Gebiete (Niederösterreich, Burgenland, Steiermark) können eigene Anbaugebiete abgegrenzt werden – von den Produzenten im Rahmen der Selbstbestimmung. Diese Weine tragen dann z.B. die Bezeichnung DAC Gumpoldskirchen etc.

Degustation: Verkosten von Weinen.

Dekantieren: Dabei wird der Rotwein in einen Dekanter (meist Glaskaraffe) geleert, um Sauerstoff zum Atmen zu erlangen, und vom Bodensatz (Depot) getrennt. Der Wein ins Glas, das Depot in der Flasche – und die Trinkfreude ungetrübt.

Depot: Bodensatz aus abgestorbenen Mikro-Organismen bei Rotweinen älterer Jahrgänge und spezifischem Ausbau (traditionell und unfiltriert). Die Organismen haben Farbstoff angenommen und sind daher sichtbar. Depot legt sich am Gaumen nieder, negativer Effekt im Genuss.

Direktträger: sehr robuste Ur-Reben, die der Reblaus widerstehen konnten. Aus ihnen wird der berühmte Uhudler, eine lange Jahre verbotene, erdbeerige Spezialität aus dem Südburgenland, gekeltert.

Doppler: auch Austromagnum oder Magnum des kleinen Mannes. Der Doppler als Doppelliter war und ist der Inbegriff eines einfachen Land- oder Tafelweines, meist mit Kronkorken verschlossen. Seine große Zeit hat er längst hinter sich, der alleinige Genuss eines solchen wird gerne als österreichischer Doppler-Effekt bezeichnet.

E

E: die seit 1977 für alle EU-Staaten verbindliche EU-Norm, z.B. E 0,75 cl

Edelfäule: die angenehme Variante von Botrytis-Befall, die dann hochkomplexe Süßweine ergibt – vor allem im Burgenland (Seewinkel, Rust) und in der Thermenregion, in jüngster Zeit auch in der Wachau und im Kamptal.

Edelreiser: Der Einjährige, obere Teil eines Rebstockes (europäische Edelsorten) während der Veredelung.

Edelsüße Prädikatsweine: Darunter versteht man in Österreich die Qualitätsstufen Auslese, Beerenauslese, Ausbruch, Trockenbeerenauslese, Eiswein und Strohwein.

Eine klassische Cuvée: Manche Rebsorten harmonieren miteinander, andere weniger. Ziel ist die gegenseitige Ergänzung an Vorteilen (in punkto Reife, Frucht, Tannine...). Gute Weißwein-Partner: Weißburgunder & Grauburgunder, Rotgipfler & Zierfandler (Spät-Spätrot), bei den Roten z.B. Blaufränkisch & Cabernet Sauvignon, Zweigelt & Cabernet Sauvignon und/oder Syrah, und/oder Merlot.

Einzellage: Bezeichnung für eine bestimmte Weinberglage (Riede) im Gegensatz zur Großlage

Eisheilige: Winzer fürchten das letzte Aufbäumen des Winters, wo doch die Weingärten längst in voller Blüte stehen, wenn Pankratius, Servatius, Bonifatius und Sophie (die kalte Sopherl) in den Tagen von 12. bis 15. Mai späten Frost entsenden.

Eiswein: wie der Name vermuten lässt, handelt es sich dabei um (in der Praxis zumindest bei minus acht Grad gelesene) gefrorene Trauben, aus denen Prädikatsweine von unvergleichlicher Frische und Fruchtigkeit gekeltert werden. In Österreich sind die Beeren ausnahmslos am Stock, also naturgefroren, andere Länder (USA u.a.) bedienen sich der Technik in Kühlhäusern. Eisweine haben zumindest 25 Grad KMW und gelten als erlesene Spezialität. Wichtig ist, dass die Trauben sofort nach der Lese gepresst werden. So bleibt das in den Beeren enthaltene Wasser als Eis in der Maische, sodass nur der pure Extrakt als Most gewonnen wird. Besonders zu Pasteten und Terrinen sind Eisweine ein Genuss.

Extrakt: Im Wein sind mehr als tausend verschiedene Substanzen und Stoffe gelöst – von Restzucker, Pigmenten und Säuren bis hin zu Phenolen, Eiweißen, Spurenelementen und Mineralstoffen – alles in allem für Geruch und Geschmack verantwortlich, also Charakter und Wesen eines Weines. Faustregel: je extraktreicher ein Wein, desto intensiver Geruch und Geschmack und Charakter. Im Mittel befinden sich etwa 20 bis 25 Gramm gelöster Stoffe in einem Liter, 30 wären ausgezeichnet. Errechnet wird die Extraktmenge mittels physikalischer Methoden nach Abzug des Restzuckers. Wer glaubt, die Extraktmenge bei der Degustation glaubhaft festmachen zu können, ist ein kleiner Scharlatan. Was sich am Gaumen als voluminös und füllig anfühlt, ist meist nur Zucker, Glycerin und Alkohol. Übrigens: Rotweine haben höhere Extrakte als Weiße, junge höhere als alte Weine (fällt teils als Depot aus).

F

Fasslrutschen: Ein volkstümlicher Brauch, der alljährlich am Leopoldstag (15. November) gepflogen wird. Der historische Hintergrund: Einstmals mussten die Winzer einen „Zehent“, also ein Zehntel ihres Weinertrages an die Herrschaft abliefern. Dafür bedurfte es entsprechender Behältnisse – ein Prachtexemplar steht im Chorherrenstift Klosterneuburg bei Wien, das „Tausendeimer-Fass“. Das Fass ist so groß, dass es von Kindern wie Erwachsenen gleichermaßen als Rutsche verwendet wird. Die Mär gilt noch heute: Wünsche, die beim Rutschen gehegt werden, gehen in Erfüllung.

Fassprobe: Es ist ein Zeichen großer Sympathie und großen Vertrauens in Ihre Fachkompetenz, wenn Ihnen ein Winzer eine Verkostung direkt aus dem Fass anbietet. Oft ist der Wein mehr als nur eine Vorahnung dessen, was er einmal sein wird.

Federspiel: Die Wachauer Winzervereinigung „Vinea Wachau Nobilis Districtus“ unterteilt ihre trockenen Weißweine in drei Kategorien: **Steinfeder**, Federspiel und **Smaragd**. Federspiel stammt ursprünglich aus dem Reich der Falknerei, die in der Wachau große Tradition hat: Dabei wurde eine simulierte Beute (meist eine Taube mit zusammengebundenen Flügeln) über dem Kopf des Falkners geschwungen, um so den auf die Jagd ausgerichteten Raubvogel an die Hand des Falkners zu locken Federspielweine sind mittelkräftig, trocken und haben einen Alkoholgehalt bis zu 12,5 Prozent.

Federweißer: in Deutschland gebräuchliche Bezeichnung für den Sturm.

Feinhefe: der beste Teil der Weinhefe.

Filtration: ein Verfahren der Kellertechnik, das nicht ganz unumstritten ist, da dem Wein derart

Extrakte und Aromastoffe abhanden kommen. Viele Winzer wenden sie bei lange gelagerten Rotweinen, die ohnedies „stabil" sind, erst gar nicht an. Ebenso bei sorgfältig bereiteten Weißweinen, da wird oft nur grob gefiltert. Bei völligem Verzicht auf Filtration kann es jedoch bei höheren Temperaturen zu Trübungen oder Nachgärungen kommen. Besonders verpönt: die nur in der industriellen Weinherstellung angewandte Sterilfiltration mittels Mikrofilter – „das nimmt dem Wein jede Persönlichkeit", so das Credo qualitätsbewusster Winzer.

Flaschengärung: 2. Gärung in der Flasche bei der klassischen „Méthode champenoise" (Schaumweine), ist auch bei hochwertigem Sekt üblich.

Flaschenreife: jener Zeitraum, den ein Wein in der Flasche gelagert ist.

Fremdgeschmack: weinsprachliches Synonym für unsauber, krank. Nicht zu verwechseln mit Geschmäckern, die einem unbekannt sind!

Frostgeschmack: an Muffton bzw. Korkgeschmack erinnernder Weinfehler

G

Ganztraubenpressung: Bei dieser Art der Vergärung wird auf das Abbeeren der Trauben verzichtet. Speziell bei der Weißweinproduktion wird diese Technik nun vermehrt eingesetzt. Die Trauben werden in kleine Kisten gelesen, nicht gerebelt und gelangen so unverletzt in die Presse. Der Vorteil: In säurearmen Jahrgängen können dadurch Säure, Frische und Frucht besser erhalten werden. Wobei sich Alkohol- und Extraktgehalt geringfügig verringern. Gelegentlich ist bei solchen Weißweinen etwas Tannin aus den Stängeln zu bemerken.

Gärung: Umwandlung von Zucker in Äthylalkohol mittels sauerstofffreiem Stoffwechsel von natürlicher und/oder künstlicher Hefe. Bei diesem Prozess wird Kohlendioxid freigesetzt. Wichtig: Eine bestimmte Temperatur darf nicht überschritten werden, ansonsten geht die Gärung zu stürmisch (vor allem bei großen Behältern) vor sich, wertvolle Weinbestandteile gehen unwiederbringlich verloren. Dies wird durch kühle Keller und Wasserkühlung der Stahltanks gewährleistet.

Gaumen: Rein organisch besehen, ist die Zunge das wichtigere Instrument, um zu messen und zu werten. Dennoch wird der „feine Gaumen" landläufig als Synonym für den sensiblen Konsumenten (Esser oder Trinker) geführt. Die Existenz unfeiner Gaumen ist empirisch nicht belegt.

Geläger: Trubstoffe, die nach Abziehen des Weines als Bodensatz im Fass oder Tank zurückbleiben

Gemischter Satz: Heutzutage ist es kaum vorstellbar, doch bis ins 18. Jahrhundert wurde Wein in Europa nur in den seltensten Fällen reinsortig ausgebaut. Stattdessen setzte man verschiedene Rebsorten wild durcheinander und erntete sie zur selben Zeit. Frei nach dem Motto: „Eine Rebsorte im Weingarten ist eine Geige, mehrere ein Orchester." Der Hintergedanke: Ertragssicherung auf relativ gutem Niveau. Denn derart wurden die Vorzüge der jeweiligen Rebsorten mit eingebracht – die eine war resistenter gegen Spätfrost, die andere gegen zu hohe Feuchtigkeit oder extreme Trockenheit usw. Die Würze brachten „gschmackige" Sorten wie Traminer, Muskateller u.a. ein. Heute hat der gemischte Satz weitgehend an Bedeutung verloren, einzige Ausnahme: Beim Heurigen oder in der Buschenschank ist er nach wie vor ein Klassiker.

G'spritzter: die beliebte Vermengung, wenn nicht bloß Wasser gepredigt und dann erst recht Wein getrunken werden soll. Und umgekehrt (Angst vorm Alkotest!). Per Weingesetz ist der G´spritzte (bei unseren deutschen Nachbarn als „Schorle" bezeichnet) definiert in einem Teil trockenen Weins (weiß oder rot, beliebt sind Riesling, Veltliner, Welschriesling und Zweigelt) und in einem Teil Soda oder Mineralwasser. Und mit mindestens 4,5 % vol. Alkohol. Nicht zu vergessen Begriffe wie „weiße oder rote Mischung", ein Mischgetränk, das regional stark variierend zubereitet wird. Sehr gerne und zu jeder Jahreszeit konsumierter Bruder des G´spritzten ist der „Sommerspritzer", in der Theorie mit einem Soda- oder Mineralwasseranteil von 50,11 bis 96,73 Prozent. Es wird jedoch dringend abgeraten, beim Wirt Ihres Vertrauens die Einhaltung des gewünschten Mischungsverhältnisses bis zur zweiten Dezimalstelle einzufordern.

Gespritet: bei der Erzeugung mit zusätzlichem Alkohol angereichert.

Gestaubter: auch Staubiger genannt – ein unfiltrierter Jungwein.

Getoastetes Barrique: Um die Dauben zu einem Fass zusammenfassen zu können, müssen sie über offenes Feuer gehalten, also getoastet, werden. So wird das Holz „weich“, es kann, je nach Wunsch, leicht, mittel oder stark gebrannt werden. Die darin ausgebauten Weine nehmen Toasting-Geschmackstoffe in sich auf.

Glühwein: der allseits bekannte und beliebte Klassiker im Advent. An Zimt und Nelken kommt bei der Zubereitung wohl niemand vorbei. Wichtig: Beim Kochen entweicht Alkohol, daher sollte der Glühwein nur ziehen und nicht aufkochen.

Glykol: eine chemische Verbindung mit hoher Viskosität, wird als Frostschutz- und Kühlmittel verwendet. Glykol ist auch in kleinen Mengen in Beeren enthalten, in höherer Dosierung ist es jedoch hochgiftig.

Großheuriger: nicht etwa eine besonders groß geratene Lokalität, sondern eine Art Volksfest, bei dem Winzer eines Ortes gemeinsam ausschenken.

H

Hauer: Dieses Synonym für Winzer wird von der Haue abgeleitet, mit der Weinberge noch vereinzelt bearbeitet werden.

Haustrunk: jener Wein, der nach dem Abpressen durch nochmaliges Abpressen der Trester erzeugt wird und, da qualitativ minderwertiger, als Jausenwein beim Winzer bleibt.

Heckenklescher: Gemeint ist prinzipiell jener minderwertige Wein, der den übereifrigen Konsumenten beim Verlassen der Lokalität und dem Kontakt mit Frischluft in die nächste Hecke kleschen lässt, der Begriff gilt aber für den Stürzenden ebenso.

Hefe: Im Weinbau wird zwischen natürlichen Hefen (befinden sich auf den Traubenschalen, im Keller, im Boden und in der Luft) und Reinzucht-Hefen unterschieden, Hefestämme also, die einen zuverlässigen Gärverlauf garantieren und den Zukker sehr effektiv in Alkohol umsetzen und ein uniformes Geschmacksbild liefern. Traditioncll arbcitende Betriebe bedienen sich nur der natürlichen Hefen, in den meisten Betrieben überleben sie heute aufgrund der vorherrschenden hygienischen Maßstäbe in den Kellern aber nicht.

Hektarertrag: 6000 Liter gelten heutzutage als Durchschnittsertrag bei 10.000 Quadratmeter Anbaufläche, Topweingärten in extremen Lagen erbringen oft nur 2500 Liter. Bei Massenweinen sind es 12.000 Liter und mehr. Pauschalurteile sind jedoch unzulässig. Ideal im Sinne der Qualität ist jedenfalls eine hohe Pflanzdichte an Stöcken bei gleichzeitig (bewusst reduziertem) geringem Ertrag.

Heurigenexpress: in Wien die Straßenbahnlinie 38 nach Grinzing.

Heuriger: auch Buschenschank genannt, wobei beide (regional unterschiedlich verwendeten) Ausdrücke dasselbe meinen – ein Lokal, in dem Eigenbauwein ausgeschenkt wird. Einer der Urväter des Heurigen war der römische Kaiser Probus, der während seiner Regentschaft in den Jahren 276 bis 282 n. Chr. den Weinbau in den Provinzen erlaubte, somit also auch rund um Vindobona. Kaiser Josef II. gestattete am 17. August 1784 „jedem die Freiheit, die von ihm selbst gezeugten Lebensmittel zu verkaufen und auszuschenken". Der Beginn der heutigen Heurigenkultur. Als urwüchsige Form der Gastronomie wurde der Heurige durch einige „Mutationen" erweitert, wie etwa den „Nobelheurigen" oder das „Heurigenrestaurant" – ursprünglich meist echte Heurige, durch den Erwerb einer Gastgewerbekonzession aber in den Rang eines Restaurants mit rustikalem Anstrich mutiert.

Heuriger Wein: Der Heurige hat (wie viele Gänse auch) ein klar definiertes Ablaufdatum – den 11. November, Festtag des Heiligen Martin von Tours. Bis zu diesem Tag wird der Wein (des vorigen Jahrganges) als Heuriger bezeichnet, dann als Altwein. Und der bis zu diesem Tag „junger Wein" genannte Jungwein steigt in den Rang des Heurigen auf, wo er exakt ein Jahr lang verweilt. Nur so nebenbei: „Prost" als Zuspruch ist durchaus legitim und wünschenswert, nicht aber beim Jungwein, solange er noch nicht den Titel Heuriger tragen darf – hier ist die korrekte Ansprache einzig und allein „Mahlzeit" – wohl deshalb, weil dieser Jungwein unfiltriert ausgeschenkt wird und so den Gedanken fester Nahrung mitträgt. Das gilt übrigens genauso für den Sturm!

Hiatahütt'n: jene Hütten, in denen der Hiata (Hüter, Bewacher der Weinberge) Schutz vor schlechter Witterung fand und in Zeiten der Traubenreife auch übernachtete. Heute werden Hiatahütt´n als Außenstellen von Buschenschenken verwendet oder als Labestationen bei Riedenwanderungen etc. Ein Kuriosum aus früheren Tagen ist übrigens der Hiatabam: ein Baum, der aufgestellt wurde, um zu signalisieren, dass der Hiata seinen Dienst versah. Oft genügte der Baum allein, um potentielle Traubendiebe abzuschrecken.

Heiliger Urban: der Patron der Weinberge, Winzer, Küfer und des Weines an sich. Urban I. amtierte vor knapp 1800 Jahren als der 17. Papst, gedacht wird seiner am 25. Mai (früher wurden an diesem Tag den Weinbergarbeitern die Löhne ausbezahlt). Urban schützt vor Frost, Gewitter, Blitz und – Trunkenheit.

Hochkultur: Als Urvater dieser Erziehungsform der Rebstöcke gilt Lenz Moser, der dies bereits 1923 erstmals praktizierte. Dabei werden die Stöcke in Abständen von 3 bis 3,5 x 1 Meter gepflanzt und mit 120 bis 140 cm hohen Stämmen auf Drähten hochgezogen. Die Vorteile: leichte maschinelle Bearbeitung, geringere Frostgefährdung, höhere Erträge. Die Hochkultur setzte sich in Österreich in den Fünfzigern durch, wird jetzt aber allmählich durch die Mittelhochkultur abgelöst.

Hybride: Direktträger als Nachkommen zweier verschiedener Rebenspezies (im Gegensatz zu Kreuzungen zw. zwei Sorten derselben Spezies). Nach EU-Regeln in der Qualitätsweinproduktion verboten.

I

Internationale Stilistik: gemeint ist damit oft die Vinifikation (z.B. Barrique, Säureabbau, hoher Alkoholgehalt ...), die sich international durchgesetzt hat. Stilistik bezeichnet aber auch vergleichbare Weintypen, wie etwa Bordeaux-Stil. Aber auch mit (berechtigter) Kritik geht der Betriff der Weinstilistik einher – nämlich dann, wenn regionaltypische Eigenheiten (seien es die Rebsorten oder auch die Art des Ausbaus) einem international üblichen und erfolgreichen (weil dem Massengeschmack entsprechenden) Weinstil geopfert werden. Viele Winzer auf Topniveau besinnen sich jetzt aber mehr und mehr des „Charakters", den bestimmte Weine in ihren angestammten Regionen darstellen.

J

Jungfernlese: erste Lese eines neu ausgepflanzten Weingartens.

Jungweinschnuppern: ein beliebter Brauch in vielen Weinbauregionen. Dabei laden Winzer oder ganze Weinorte zu einem Tag der offenen Kellertür, an dem Weinfreunde die Weine des über den Winter gereiften Jahrgangs kennen lernen können.

Junker: Jungweintypus aus der Steiermark, der in den letzten Jahren regelrechten Kultweinstatus wie früher der Beaujolais-Primeur erlangt hat.

K

Kabinett: Er zählt bei uns (im Gegensatz zu den Deutschen) nicht zu den Prädikatsstufen, ist aber ein Qualitätswein mit einem Mindestmostgewicht von 17 Grad KMW (darf nicht aufgebessert werden), einem max. Alkoholgehalt von 12,7 Vol % und höchstens 9 g/l Restzucker.

Kaisermischung: in der Oststeiermark beliebtes Getränk, eine Mischung aus Apfelsaft und Wein.

Kellergasse: Dass diese malerischen Ansammlungen von Weinkellern gerade im Weinviertel (und auch im Burgenland) so häufig anzutreffen sind, hat einen einfachen Grund: Das Urmeer hinterließ einen feinen, stark komprimierten Sand, in den sich Keller relativ leicht graben ließen. Das Presshaus liegt dabei prinzipiell knapp unter Erdniveau, der Kellerhals verbindet die vorderen Räume mit dem Lagerkeller. Mancherorts (z.B. Pulkautal) werden Kellergassen auch Kellertriften genannt. Der Begriff „triften“ erinnert daran, dass früher das Vieh durch die Hohlwege auf die Weiden getrieben wurde.

Kellertemperatur: optimal sind acht bis zehn Grad.

Klapotetz: ein in der Steiermark weit verbreitetes Holzgestell, das Vögel vertreiben soll und Touristen gleichermaßen anlockt. Das Klanggeheimnis dieser klappernden (slow. klapotati) Vogelscheuchen (auf deren Wirkung übrigens bereits Erzherzog Johann vertraute) liegt in der Kombination verschiedener Holzarten. Heutzutage ist der Klapotetz mehr Attraktion als tatkräftige Hilfe, und so ist die

Jagd mit dem Windrad (vom 25. Juli, dem Tag des Heiligen Jacobi, bis zu Martini) nur noch eine symbolische. Der höchste Klapotetz misst 16 Meter, wiegt sechs Tonnen, hat zwölf Flügel und steht am Demmerkogel in St. Andrä bei Höch.

Klon: ein Begriff, der auch vor dem Weinbau nicht Halt macht. Gemeint ist damit eine Vielzahl von Reben, die allesamt per vegetative Vermehrung, durch Edelreiser bzw. Stecklinge von einer Mutterrebe gewonnen wurden. Damit soll Rebmaterial gewonnen werden, das für verschiedene geologische wie klimatische Ansprüche geeignet ist.

Klosterneuburger Mostwaage (KMW): eine Senkspindel zur Messung des Zuckergehaltes im Most, der auf einer (nur in Österreich gebräuchlichen) Skala angezeigt wird (in Deutschland Öchlse, wobei gilt: 1 KMW = 4,86 Öchsle). Angegeben werden Gramm pro Liter. Benötigt wird die KMW für zweierlei: um den idealen Lesezeitpunkt festzustellen (ein so genanntes Refraktometer misst den Zuckergehalt des Taubensaftes) und die Gliederung der Qualitätsstufen festzulegen:

Tafelwein: Mostgewicht der Trauben mindestens 10,6° KMW
Landwein: mind. 14° KMW
Qualitätswein: mind. 15° KMW (übrigens ist das der Grad einer ausgereiften Traube, alles andere ist, rein physiologisch besehen, überreif)
Kabinettwein: mind. 17°

Prädikatsweine:
Spätlese: mind. 19°
Auslese: mind. 21°
Beerenauslese: mind. 25°
Eiswein: mind. 25°
Strohwein: mind. 25°
Ausbruch: mind. 27°
Trockenbeerenauslese: mind. 30°

L

Lage: in Österreich vermehrt Riede genannt. Auf einem einzigen Weinberg gibt es oftmals mehrere Rieden unterschiedlichster Voraussetzungen – was auch den Anbau unterschiedlichster Rebsorten bedingt. Entscheidend für die Güte einer Riede sind Makroklima (das Wetter in der bestimmten Gegend), Mikroklima (quasi das Klima in der Laubwand, das wesentlich bestimmt wird durch Rückschnitt, Wüchsigkeit, Reberziehung) und der Boden. Viele Weine tragen die Namen ihrer Rieden, die dadurch Berühmtheit erlang haben, wie etwa der Tausendeimerberg in der Wachau.

Lagerfähigkeit: entscheidend sind Qualität des Weines, Rebsorten, guter Kork und optimale Lagerbedingungen (ideal wäre, aber wer hat das schon, ein feucht-kühler Keller mit konstanter Temperatur, am besten 10 bis 12 Grad). Zwei kleine Tipps an dieser Stelle: Wollen Sie vermeiden, dass einmal geöffneter Wein nicht nach dem Inhalt des Kühlschrankes schmeckt, dann lassen Sie ihn nicht länger als zwei Tage dort. Und: Frisch gekaufter Wein sollte (aber wer kann das schon erwarten) zwei bis drei Wochen ruhen dürfen (am besten kühl, lichtgeschützt und bei hoher Luftfeuchtigkeit), um sich von Erschütterungen und Temperaturschwankungen zu erholen. Schließlich ist Wein das, was wir von ihm erwarten: ein Naturprodukt.

Landwein: entspricht in seiner Qualitätsstufe (trocken, mindestens 14° KMW) dem französischen Vin de pays oder in Italien dem IGT.

Lese: (zeitliche) Punktlandung wie beim Skispringen und daher eine spannende Sache. Die Kunst besteht darin, den idealen Zeitpunkt für die Traubenernte zu finden (meist zwischen August und November), wo natürlicher Zucker (je länger die Trauben auf dem Stock bleiben, desto höher) und Säuregehalt perfekt ausgewogen sind. Stets erschwerender Faktor ist dabei die Witterung. Im Idealfall werden Trauben trocken gelesen.

Les'hanl: Das umfasst zweierlei – Gottesanbeterinnen in der Thermenregion (der Name kommt daher, dass sie Geräusche von sich geben, die wie „Les, les, les!“ klingen, und von der Angriffslustigkeit des Insektes, die an einen Hahn erinnert) und das Gemeinschaftsprodukt mehrerer Winzer aus Pfaffstätten (ebenfalls Thermenregion), ein oft ein wenig unterschätzter Neuburger.

M

Martiniloben: Die Legende des Martin de Tours (316 bis 397), der seinen Mantel mit einem Bettler teilte, ist weithin bekannt. An seinem Gedenktag gingen die Winzer früher von Keller zu Keller, um über den Jungwein zu befinden und aus dem „Mahlzeit" ein „Prost" werden zu lassen (s. Heuriger Wein). Aus diesem Brauch der Weinbauern entwickelte sich auch das Martiniganslessen.

Maische: jener Traubengatsch, wo Saft und Schalen Kontakt haben (je länger, desto intensiver werden Farbe, Geschmack und Tannin ausgelaugt).

Medizinalwein: darf nur in Apotheken abgegeben werden, unterliegt nicht dem Weingesetz und ist ein Wein mit Zusätzen.

Mesoklima: Zwischenbereich von Mikro- und Makroklima, beträgt zehn bis zu einige Hundert Meter.

Messwein: Er muss naturbelassen sein und darf weder aufgebessert noch entsäuert werden. Über die Zulassung für die heiligen Messen entscheidet (nach gebührender Verkostung) der jeweilige Bischof.

Met: Honig- oder Obstwein.

Methusalem: Sechs-Liter-Flasche; Synonym für einen alten Mann (nach der biblischen Gestalt).

Most: Im strengen Sinn der Weinbereitung ist der Most ein Zwischenstadium, ein Gemisch aus Traubensaft, Fruchtfleisch, Kernen, Schalen und Stielen. Landläufig ist darunter jedoch das beliebte, leicht gärende, sanftsaure Getränk (aus Äpfeln und Birnen) zu verstehen.

N

Nase: im Weinjargon steht sie für den Duft (Aroma, Bukett)

Neuburger: Diese urösterreichische Sorte sei auch an dieser Stelle erwähnt, weil ihre mysteriöse Herkunft von einer nur allzu schönen Legende umrankt wird: Der zufolge soll ein Rebbündel ans Donauufer in der Wachau geschwemmt und von Winzern in den Boden gerammt worden sein. Da auch im Reich des Weines das DNS-Zeitalter Einzug gehalten hat, weiß man heute: Neuburger ist, genetisch betrachtet, ein Kind des Roten Veltiner und des Silvaner.

O

Offene Kellertür: An Tagen wie diesen öffnen die Winzer ihre Herzen und Kellerpforten und die Konsumenten ihre Geldbörsen, um sich zu pauschalierten (und meist günstigen) Preisen bei Smalltalk und Fachsimpelei durchzukosten.

Organoleptik: sperriger Begriff dafür, dass man seine Sinne einsetzt, um (ohne technische Hilfen) über Aussehen, Geruch und Geschmack eines Lebensmittels zu befinden. Wer Wein ansieht, riecht und schmeckt ist also quasi ein Organoleptiker.

P

Panschen: ein zu den Zeiten des Weinskandals weit verbreitetes, euphemistisches Wort für verbotene Zugaben in den Wein.

Pegelwein: gewissermaßen die Stimmgabel der Weinverkostung – am Pegelwein wird von jenen, die es besonders ernst nehmen, zu Beginn und auch während einer Degustation genippt, um die Gaumenpapillen auf einen verkosterischen Nullmeridian nachzujustieren.

Pferdeschweiß: ein Geruchsphänomen (bei vermutlich durch zu trockene Lagerung schadhaften Tropfen), das sich nur Menschen erschließt, die Reiter und Weinkenner in Personalunion sind.

Phenole: Große Gruppe reaktionsfreudiger chemischer Verbindungen mit dem Grundbaustein Phenol. Den größten Anteil besitzen ausgereifte Trauben (blaue mehr als weiße). In der Jugend schmekken sie oft bitter und hart, mit der Flaschenreife sterben sie aber ab und fallen als Depot aus. Zuletzt wurde um die Phenole ein regelrechter Kult entwikkelt– wie in Italien, wo bei großen Weinen ein phenolischer Index gemessen wird. Der Hintergrund: Phenole sollen jüngsten Untersuchungen zufolge gut gegen die so genannten freien Radikale sein und Herz-Kreislauf-Erkrankungen vorbeugen.

Phyloxera: die berühmt-berüchtigte Reblaus.

Physiologische Reife: Ein neues Modewort der Winzerschaft für die optimale Ausreifung von Farbe, Aroma und Tannin. Erreicht wird diese Reife normalerweise im Herbst (vor allem die Aromaentwicklung wird durch die Temperaturwechsel zwischen Tag und Nacht begünstigt), in allzu heißen Sommern kann es jedoch passieren, dass die Beeren am Stock vor Zuckergehalt geradezu übergehen, Fazit sind plumpe, alkoholische Weine bar jeder

Tiefe und Identität.

Pirat: kein Freibeuter der Meere, sondern ein außer Programm gereichter Wein bei einer Blindverkostung.

Plutzer: bauchiges Wein-Tongefäß; wird für den Uhudler verwendet und vermarktet, gerne aber auch als Synonym für einen großen Kopf (auch aqua testa = Wasserschädel) angewandt.

Primeur: sehr jung auf den Markt kommende Weine.

Q

Qualitätswein: Ein gesetzlich definierter Begriff für einen Wein, der mindestens 15° KMW aufweist, dessen Trauben aus einem einzigen Weinbaugebiet stammen, der die staatliche Prüfnummer erlangt hat und einiges mehr. Für die Güte eines Weines ist das jedoch kein Gradmesser. Ein weiteres Kriterium, welches besagt, dass ausschließlich „Qualitätsrebsorten gemäß der Sortenverordnung des Landwirtschaftsministers“ gekeltert werden dürfen, führt mitunter zu skurrilen Situationen – wie jener, dass das Weinviertler Gut des Grafen Hardegg versucht hat, die bei uns nicht ansässige Viognier-Traube zu kultivieren. Per Gesetz wurde dieses Tröpferl zum Tafelwein degradiert, seine Erstklassigkeit beschert ihm aber Preise von bis zu 40 Euro pro Flasche und die Garantie, stets ausverkauft zu sein.

R

Reblaus: Sie labt sich an Blättern und Wurzeln (wovon bekanntlich auch Hans Moser in Wort und Ton geträumt hat) und lässt den befallenen Stock spätestens nach drei Jahren absterben. Der rege Handel zwischen Europa und Nordamerika im 19. Jh brachte die Reblaus (Phyloxera) nach Europa – und den gesamten Weinbau so gut wie zum Erliegen. Dass nicht alles schlecht ist, was aus den USA kommt, erkannte man in Ansätzen aber schon damals, und zwar in Form von importierten Rebsorten, die gegen die lästige Laus resistent waren und auf die anfälligen heimischen Stöcke aufgepfropft wurden. Heute gilt die Reblaus als weitgehend überwunden.

Rebschnitt: Das „Zurechtstutzen“ des Rebstocks geschieht in Österreich grundsätzlich händisch mit Reb- oder (nicht ungefährlichen) hydraulischen Scheren, Massenwein produzierende Länder bedienen sich maschineller Hilfe. Der Rebschnitt erfolgt im Winter, wenn die Reben noch nicht „im Saft stehen“, er legt Wachstum, Aussehen und Ertrag des Rebstockes fest und muss im Wortsinne mit Augenmaß betrieben werden. Denn die Augen sind entscheidendes Merkmal, aus jedem Auge wächst im Frühling eine Rebe mit zwei bis drei Trauben, die später auf ein gewünschtes Maß ausgedünnt werden.

Rebschule: Betriebe, wo Reben aufgezogen, mit „Edelreisern“ als Unterlagsreben gegen die Reblaus resistent gemacht und an die Winzer verkauft werden. Die größte heimische Rebschule gehört Sepp Moser in Rohrendorf bei Krems (NÖ), „nebenher“ auch ein Paradewinzer mit hervorragenden Weinen.

Reifenbeißer: Wein mit hohem Säuregehalt.

Reparaturwein: Das Reparaturachterl bringt (wie das Reparaturseidl bei Biertrinkern auch) erfahrungsgemäß am Tag danach einiges wieder ins Lot. Laut offiziellem Vokabelheft der Önologie ist damit jedoch ein Gläschen gemeint, das nach ausgiebiger Degustation den Gaumen „säubern“ (siehe Pegelwein) oder aber – in besonders harten Fällen – mittendrin helfen soll, wenn man nach einem ganzen Durchgang (bis zum schweren Roten) wieder bei einem leichten Weißen anfangen muss.

Restzucker: der nicht zu Alkohol vergorene Fruchtzucker der Traube, der kein Kriterium hinsichtlich der Weingüte darstellt, sondern lediglich die Zugehörigkeit zu Qualitätsstufen wie trocken (maximal 9 Gramm pro Liter), halbtrocken (bis 12 g/l), halbsüß (max. 45 g/l) und süß (46 g/l und mehr).

Roséwein: Kann gezielt gekeltert werden (vgl. Blauer Wildbacher/Schilcher) oder auch als Nebenprodukt der Rotweinerzeugung „abfallen“. Denn der frei abfließende Fruchtsaft (Seihmost) wird, um den Rotwein zu konzentrieren, separiert. Wegen seines kurzen Maischekontaktes hat er doch ein wenig Farbe (hellfarbig, rosig, mitunter zwiebelschalenfärbig) und wird wie ein Weißer vergoren. Er hatte lange Zeit das Stigma eines „Damenweines“, erfreut sich aber wieder einer Renaissance.

Rotweinwiege: Ein Behältnis, in dem die Flasche in horizontaler Lage gehalten wird, um sie ohne Aufrühren des Depots öffnen und leeren zu können. In Österreich gilt das Burgenland als Wiege des Rotweines.

S

Salonweine: mehr als 200 Weine (in 12 Kategorien), die jährlich für den Österreichischen Salon aus mehr als 4000 Weinen mittels Landesprämierungen bzw. Fachjournalisten und –magazinen und Sommeliers ermittelt werden.

Sämling: aus Samen gezogene neue Rebsorte.

Saurer Winzer: in diesem Fall eine steirische Spezialität – in Form eines Geselchten in einer Essig-Kernöl-Marinade.

Schaumwein: Drei Verfahren der Herstellung sind zu unterscheiden – Flaschengärung (die klassische Methode/Champagnerverfahren), Tankgärung (Charmat-Verfahren) und das Versetzen mit Kohlensäure.

Schilfwein/Strohwein: mindestens 25° KMW, gewonnen aus Beeren, die drei Monate auf Stroh oder Schilf gelagert oder luftgetrocknet wurden.

Schlieren/Kirchenfenster: Jener Tropfenvorhang, der nach dem Schwenken des Glases an der Innenwand entsteht, überwiegend aus dem dreiwertigen Alkohol Glycerin besteht und entfernt an die Fenster in Gotteshäusern erinnert.

Schwefeln: Schwefel tötet Bakterien und ist für

die Weinerzeugung unabdingbar. Qualitätsbewusste Winzer verzichten auf die Maische-Schwefelung, ganz ohne geht es aber auch nicht. Rotweine benötigen weniger Schwefel, sie enthalten mehr konservierendes Tannin als trockene Weiße und Süßweine.

Seele: bei Korkenziehern der innere Hohlraum, durch den ein Streichholz passen sollte.

Sektgrundwein: Als ideale Weine für die Sektproduktion sind junge, betont frische, aromatisch halbwegs neutrale Weinc mit wenig Alkohol und viel Säure gefordert. Beste Bedingungen dafür bietet das Weinviertel, es ist v. a. mit Welschrieslingen wichtigster österreichischer Lieferant an die Erzeuger.

Smaragde: werden prinzipiell nur in guten Jahren gewonnen, sie sind die oberste Spitze des Dreigestirns Steinfeder – Federspiel – Smaragd, die Könige unter den Weinen der Wachau, aufgrund ihrer Schwere aber nicht jedermanns Sache, vor allem bei Weineinsteigern. Kriterien: mindestens 12Vol % Alkohol und 18,2° KMW. Der Name rührt von den grün-bläulich schimmernden Smaragdeidechsen, die in den Wachauer Steinterrassen leben.

Sonnenbrand: Ja, auch die Beeren können sich die Haut durch zu starke Sonneneinstrahlung verhauen – eincremen hilft allerdings nicht.

Spucken: fürs heitere Beruferaten á la Robert Lemke geradezu ideale Form der Mimik, dem Weinjournalisten, Winzer oder Sommelier bestens vertraut, den bloßen Weinfreund und –konsumenten lässt dieses Ritual weitgehend verständnislos zurück.

Stahltank: das Behältnis schlechthin (aus Nirosta), um Wein kontrolliert zu vergären und reifen zu lassen. Nirosta-Tanks (von hundert Litern bis hin zu hundert Hektolitern) sind bei Weißweinen nicht mehr wegzudenken, erhalten sie doch geradezu ideal die Aromen des jungen Weines. Auch bei fruchtig-leichten Roten werden sie gerne verwendet. Prinzipiell sieht heutzutage schon jeder Wein einen Stahltank von innen, komplexere Weine wandern dann jedoch zur weiteren Reifung ins Holzfass.

Steinfeder: ein, wie der Name schon sagt, federleichtes, sich im Wind wiegendes und auf Steinen sprießendes Gewächs, das den leichtesten, spritzigsten Weißweinen der Wachau seinen Namen leiht. Die technischen Daten: Mostegewicht von 15 bis 17° KMW, maximal 11 Vol % Alkohol.

Steinterrassen: die das Landschaftsbild der Wachau prägenden Elemente des dortigen Weinbaus. Ohne die Terrassierung wäre eine Kultivierung aufgrund der steil abfallenden Hänge gar nicht möglich, die Steinmauern dienen überdies als Wärmespeicher und begünstigen so die Reife der Trauben.

Sturm: leicht süßlich bis rau schmeckender, noch gärender, trüber Traubenmost. Rein theoretisch ist der Sturm von Stunde zu Stunde anders und somit ein sehr attraktives Getränk, auch was den immanenten Gärverlauf betrifft. Überdies soll er wegen reichlich vorhandener Hefe sehr gesund für die Haut sein, für den Teil unter der Kopfhaut bei übermäßigem Konsum jedoch weniger. Das Farbspektrum reicht bis hin zum spektakulären Knallpink beim Schilchermost in der Steiermark, nicht zuletzt wegen der zahlreichen Inhaltsstoffe wirkt der (noch ungefilterte) Sturm anregend – auch, was den Stoffwechsel betrifft.

Süßweine: Sie gelten als besondere Winzerkunst (der berühmteste unter den Produzenten ist wohl der Burgenländer Alois Kracher, der mit seinen Dessertweinen Weltruhm erlangt hat), schließlich gilt es, trotz großer Süße elegante, vielschichtige, ausbalancierte Weine zu vinifizieren. Der Begriff Süßwein wird oft mit Prädikatswein gleichgesetzt – laut Definition per Weingesetz nicht korrekt, den Inhalt des Glases trifft es zumeist aber sehr exakt.

T

Tafelwein: früher der Wein für die Tafel, also etwas Erlesenes, heute als sehr einfacher, unkomplizierter Zeitgenosse eher das Gegenteil. Mindestreife der Trauben: 10,6° KMW. Als Herkunftsbezeichnung darf lediglich „Österreich“ angegeben werden. Jahrgang wie auch Sorte dürfen nicht aufscheinen. Für fortgeschrittene Genießer zumeist nicht die Erfüllung aller Träume.

Tannin: Gerbstoff aus der Gruppe der Phenole, der vor allem aus Kernen und Schalen der Trauben stammt. Tannin reichert viele Rotweine um jene Komponenten an, die auf Zunge und Wangeninnenseiten ein trockenes bis pelziges Gefühl erwecken, laienhaft formuliert „die Zunge gleichsam am Gaumen haften lassen". Unreif wirken Tannine bitter und grün, reif hingegen sorgen sie – insbesondere in Barrique ausgebaut – für jene samtigen, weichen Noten, die sich mit den molligen Tönen der Fasseiche zum besonders anmutigen Spiel vereinen. Wer dies perfekt zu balancieren weiß, gehört zu den Großen aus der Zunft der Rotweinmacher.

Trester/Trebern: Kerne, Stängel, Schalen und, je nach Pressdruck, auch Traubensaft, die nach dem Pressen der Maische übrig bleiben. Der Tresterbrand ergibt den berühmten Grappa. Ansonsten wird Trester als Dünger im Weingarten ausgebracht.

Trockenbeerenauslese: die höchste Qualitätsstufe der Prädikatsweine – durch üppigen Botrytisbefall von Wasser weitgehend befreite Weine allerhöchster Konzentration und Dichte, v.a. im Burgenland beheimatet.

U

Unterlagsrebe: Jene Reben, auf die Edelreiser der gewünschten Sorte aufgepfropft werden, da sie gegen die Reblaus resistent ist. Bei schlechter Pflege des Weingartens können Unterlagsreben sogar (meist blaue, geschmackslose) Reben ausbilden. Aus den unterschiedlichen Sorten stechen die schwach-wüchsigen heraus, weil sie die Erträge klein halten und so die Qualität steigern helfen.

V

Verschnitt: ein zu Unrecht stigmatisierter Begriff, weil fast alle Weine (auch im höchsten Qualitätssegment) aus mehreren Traubensorten, Jahrgängen oder dem Inhalt verschiedener Fässer verschnitten (gemischt) werden.

Vinifikation/Vinifizieren: für jene, die glauben, der Begriff „Wein machen" sei zu gewöhnlich.

Viskosität: Grad der Zähflüssigkeit.

W

Weinansprache: manchmal etwas aus den Fugen geratendes Weinvokabular, die Basis erstellte der französische Chemiker Jean-Antoine Claude Chaptal, der sein Standardwerk „Rund um den Wein" (1807) mit 60 Fachausdrücken vorlegte und sich selbst mit dem Terminus „chaptalisieren" verewigte – in diesem Fall ein beschönigender, eleganterer Ausdruck, der für das Aufzuckern des Weines steht.

Weinbeißer: für die einen eine Lebkuchenart mit Zuckerguss; für die anderen das demonstrative Umherrollen des Rebensaftes in der Mundhöhle, meist unter Abgabe lauter Schmatzgeräusche (daher auch der Begriff des Beißens) und unter Ansaugen von Luft (Gefahr des Trenzens!) anstelle zielorientierten Konsums.

Weinkönigin: auch Winzerkönigin oder Weinprinzessin – in den vinophilen Hochadel wird man, wie bei den Blaublütlern auch, erst hineingeboren

– und dann gewählt. Passives Wahlrecht erhält, wer Spross eines weinbäuerlichen Betriebes ist, in die Standesvertretung gelangen kann, wer überdies eine abgeschlossene Ausbildung in Sachen Wein hat, redegewandt ist und die Bereitschaft zeigt, ausreichend zu repräsentieren.

Wiener Weinsiegel: Emblem, auf dem Stephansdom und Stadtwappen prangen. Vergeben wird es für Bouteillenweine, deren Grundweine Wiener Rieden entstammen.

X

Xundheit: Abhandlungen über die heilsame Wirkung des Gerstensaftes füllen ganze Bibliotheken und sind heute mehr denn je Zankapfel der Ärzte- und Wissenschaft (Näheres dazu auch unter Phenole).

YZ

Yin und Yang: die dunkle weibliche und die lichte männliche Urkraft, die mit Wein alles und nichts auf dem Hut haben.

Zimmertemperatur: Rotwein dem herrschenden Raumklima anzupassen, besaß als Ratschlag lange Zeit Gültigkeit – bei Durchschnittswerten von 18 Grad im mitteleuropäischen Raum. Dem ist (bei 22 Grad im Mittel) längst nicht mehr so, die Faustregel hat also ihre geballte Kraft verloren. Während die meisten Roten (unpolitisch gesprochen) nach wie vor bei 16 bis 18 Grad ihre Aromen entfalten.

Adressen, Links und Buchtipps

Ausbildung rund um den Wein:

Weinakademie Österreich
Dr. Josef Schuller
Hauptstraße 31
A-7071 Rust
Tel.: +43 2685 6853
Fax: +43 2685 6431
www.weinakademie.at
E-Mail: info@weinakademie.at

(Die Schule der Wein-ExpertInnen hat ein breit gefächertes Seminarangebot, die Ausbildung zum Weinakademiker bzw. „Diploma in Wines of Spirt" (u. a. auch in Krems) ist möglich.)

www.diplomsommelier.at Wein erlernen mit Spaß – 1001 Fragen in Form eines Weinquiz auf einer CD, Infos auf der Homepage unter der Rubrik „Edition Egon Mark"

www.voice-of-wine.com
Diese Seite (vom Fachjournalisten Laurentius Kollmann erstellt) hat ein breit gefächertes Angebot an Seminaren. Jede Woche neue Beiträge, Reportagen, Tipps, Tutorials, Weintests etc.

www.wein-consulting-at Die Wein-Consulting von „Weinprofessor" Bernulf Bruckner ist Österreichs größter Privatanbieter von Weinseminaren für Einsteiger, Kenner und Genießer

www.weinerleben.at Weinerlebnisseminare, Verkostungen, Präsentationen, Wein-Genussreisen und spezielles Gastro-Consulting für Gastronomie, Handel und Hotellerie

www.weinseminare-lengauer.at
Weinwissen über Seminare, vhs-Kurse und kommentierte Verkostungen im privaten Rahmen

Events rund um den Wein:

www.weinherbst.at
www.ausgsteckt-is.at

Öffentliche Stellen:

Bundesministerium für Land- und Forstwirtschaft
Stubenring 1
A-1010 Wien
Tel.: +43 1 711 00 0
Fax: +43 1 513 87 22
www.lebensministerium.at

Bundesamt für Weinbau
Hofrat Dr. Walter Flak
Gölbeszeile 1
A-7000 Eisenstadt
Tel.: +43 2682 65 905
www.bawb.bmlfuw.gv.at
E-Mail: office@bawb.bmlfuw.gv.at

Statistik Austria
Guglgasse 13
A-1110 Wien
Tel.: +43 1 711 28 0
Fax: +43 1 493 43 00
www.statistik.at

Österreichische Weinmarketing Service GmbH (ÖWM)
Geschäftsführer:
Mag. Michael Thurner, Wine MBA
Prinz Eugen Straße 34/7
A-1040 Wien
Tel.: +43 1 503 92 67
Fax: +43 1 503 92 68
www.weinausoesterreich.at
E-Mail: info@weinausoesterreich.at

Weinbauverbände:

Österreichischer Weinbauverband
Schauflergasse 6
A-1014 Wien
Tel.: +43 1 534 41 8553
Fax: +43 1 534 41 8549
www.lk-oe.at
E-Mail: j.glatt@lk-oe.at

Rund um die Weinwelt:

www.landundwirt.at Aus der Region, für die Region. Produkte, Wirte, Produzenten aus Österreich

www.mein-weinstock.at Virtuelle Winzer managen einen realen Weingarten

www.rebenland.at Infos über das südsteirische Rebenland

www.steirischerwein.at Ein Zusammenschluss der steirischen Weinwirtschaft als „Markengemeinschaft Steirischer Wein“

www.weinstrassen.at Weinstraße Niederösterreich – die Route zum Entdecken, Verkosten und Erleben von Genuss-Kultur

Tourismus:

www.austria.info.at Homepage der Österreich Werbung

www.info.wien.at Homepage der Wien Tourismus

www.niederösterreich.at Homepage der Niederösterreich Werbung

www.burgenland-tourismus.at Homepage der Burgenland Tourismus

www.steiermark.com Homepage der Steirischen Tourismus GmbH

Österreichs Jahrgänge seit 1990 auf einen Blick

Das Bewertungssystem geht von einer Höchstpunktezahl von 20 aus.

Jahr	Sorte	Wachau Kremstal Traisental	Kamptal Donau-Land	Weinviertel	Carnuntum Thermenregion	Burgenland	Steiermark	Wien
2003	weiß	**18,5**	**18,5**	**18**	**18,5**	**17,5**	**18**	**17**
	rot	-	-	-	**18,5**	**19,5**	-	-
	süß	-	-	-	-	-	-	-
2002	weiß	**17,5**	**17,5**	**17,5**	**18**	**17**	**17**	**16,5**
	rot	-	-	-	**18,5**	**18**	-	-
	süß	-	-	-	**17**	**18**	-	-
2001	weiß	**17,5**	**17,5**	16,5	**17**	16	17,5	167,5
	rot	-	-	-	17	16,5	-	-
	süß	-	-	-	**16,5**	**17**	-	-
2000	weiß	**18**	17,5	**17**	18	**16,5**	**18**	**16,5**
	rot	-	-	**17**	19	19	-	-
	süß	-	-	-	-	-	-	-
1999	weiß	19	18	17	*17,5*	16,5	*17,5*	17
	rot	-	-	16	*17*	18	-	-
	süß	-	-	-	*17,5*	18	-	-
1998	weiß	*17*	*17*	*16*	16	*16*	*16,5*	16
	rot	-	-	*14,5*	16	*15,5*	-	-
	süß	-	-	-	**17**	**17,5**	-	-
1997	weiß	19	18	*16,5*	*16*	*17*	*19*	*16,5*
	rot	-	-	*16,5*	*17,5*	*18*	-	-
	süß	-	-	-	*-*****	*-*****	-	-
1996	weiß	*14,5*	*15*	*14*	*15*	*15*	*15*	*14*
	rot	-	-	*13*	*16*	*14,5*	-	-
	süß	-	-	-	*16*	*16,5*	-	-
1995	weiß	18	18	*16,5*	*16,5*	*17*	*16,5*	*16*
	rot	-	-	*14*	*15*	*15*	-	-
	süß	19*	-	-	*19,5*	20	-	-
1994	weiß	*16*	*16*	*15*	*14,5*	*15*	*16*	*16,5*
	rot	-	-	*15,5*	*16,5*	*17,5*	-	-
	süß	-	-	-	-**	*15*	-	-
1993	weiß	17,5	17,5	16,5	*16,5*	*16*	*18*	*17,5*
	rot	-	-	15	16,5	18	-	-
	süß	-	-	-	17,5	18	-	-
1992	weiß	16,5	16,5	*15*	16	*15,5*	17	*16*
	rot	-	-	16	16,5	17,5	-	-
	süß	-	-	-	16	*15,5*	-	-
1991	weiß	*15*	*15*	*14*	*14,5*	*15*	*13,5*	*15*
	rot	-	-	*13*	*13*	*13,5*	-	-
	süß	-	-	-	17,5	17,5	-	-
1990	weiß	19	16	17	17,5	*17*	18,5	17,5
	rot	-	-	16	16	18	-	-
	süß	-	-	-	18	-	-	-

* Süßweinjahrgang in einen Weinbaugebiet, dem für diesen Sektor ansonsten keine Bedeutung zukommt

** Keine Süßweine aus diese Jahrgang in nennenswerten Quantitäten verhanden

Fett gedruckte Zahlen: noch nicht entwikkelt, weiter lagern

Normal gedruckte Zahlen: trinkfertig, kann aber noch gelagert werden

Kursiv gedruckte Zahlen: Höhepunkt kann bereits überschritten sein

Weitere ausgezeichnete Jahrgänge: 1969, 1949, 1947, 1945, 1937, 1934, 1929, 1921, 1911 und 1900

Bücher

Burgenland – Wein & Kulinarisches
Rudolf Lantschbauer – Georges Spengler
Vinothek Verlag
216 Seiten
30,40- Euro

Der passende Wein zum Essen
Joanna Simon
Komet Verlag
160 Seiten
10,30- Euro

Die neue Welt des Weines
Österreich auf dem Weg zur Weltklasse
(mit Essays von Christian Seiler,
Michael Pronay, Alfred Komarek u.a.)
Klarsicht Verlag
112 Seiten
29,90- Euro

Steirischer Wein – Steirische Küche
Rudolf Lantschbauer / Willi Haider
Vinothek Verlag
288 Seiten
30,40- Euro

Wein
André Dominé
Könemann Verlag
960 Seiten
25,70- Euro

Wein Burgenland
Walter Kutscher, Christa Hanten
Edition Gutenberg
176 Seiten
36,00- Euro

Weinland Niederösterreich
Anbaugebiete – Sorten – Winzer
Walter Kutscher
Edition Gutenberg
192 Seiten
36,00- Euro

Weinland Steiermark
Die 100 besten Weingüter
Engelbert Katschner
Steirische Verlagsgesellschaft
224 Seiten
36,00- Euro

Weinsensorik
verkosten – vergleichen – beurteilen
Julia Sevenich
Österreichischer Agrarverlag (AV)
120 Seiten
20,50- Euro

Österreichs Jahrgänge seit 1990 auf einen Blick

Das Bewertungssystem geht von einer Höchstpunktezahl von 20 aus.

* Süßweinjahrgang in einen Weinbaugebiet, dem für diesen Sektor ansonsten keine Bedeutung zukommt

** Keine Süßweine aus diese Jahrgang in nennenswerten Quantitäten verhanden

Fett gedruckte Zahlen: noch nicht entwikkelt, weiter lagern

Normal gedruckte Zahlen: trinkfertig, kann aber noch gelagert werden

Kursiv gedruckte Zahlen: Höhepunkt kann bereits überschritten sein

Weitere **ausgezeichnete Jahrgänge**: 1969, 1949, 1947, 1945, 1937, 1934, 1929, 1921, 1911 und 1900

Jahr	Sorte	Wachau Kremstal Traisental	Kamptal Donau-Land	Weinviertel	Carnuntum Thermenregion	Burgenland	Steiermark	Wien
2003	weiß	**18,5**	**18,5**	**18**	**18,5**	**17,5**	**18**	**17**
	rot	-	-	-	**18,5**	**19,5**	-	-
	süß	-	-	-	-	-	-	-
2002	weiß	17,5	17,5	17,5	18	17	17	16,5
	rot	-	-	-	18,5	18	-	-
	süß	-	-	-	17	18	-	-
2001	weiß	**17,5**	**17,5**	16,5	**17**	16	17,5	167,5
	rot	-	-	-	17	16,5	-	-
	süß	-	-	-	**16,5**	**17**	-	-
2000	weiß	18	17,5	17	18	**16,5**	18	**16,5**
	rot	-	-	**17**	**19**	**19**	-	-
	süß	-	-	-	-	-	-	-
1999	weiß	19	18	17	*17,5*	16,5	*17,5*	17
	rot	-	-	16	*17*	18	-	-
	süß	-	-	-	*17,5*	18	-	-
1998	weiß	*17*	*17*	*16*	16	*16*	*16,5*	16
	rot	-	-	*14,5*	16	*15,5*	-	-
	süß	-	-	-	**17**	**17,5**	-	-
1997	weiß	19	18	*16,5*	*16*	*17*	*19*	*16,5*
	rot	-	-	*16,5*	*17,5*	*18*	-	-
	süß	-	-	-	-**	-**	-	-
1996	weiß	*14,5*	*15*	*14*	*15*	*15*	*15*	*14*
	rot	-	-	*13*	*16*	*14,5*	-	-
	süß	-	-	-	*16*	*16,5*	-	-
1995	weiß	18	18	*16,5*	*16,5*	*17*	*16,5*	*16*
	rot	-	-	*14*	*15*	*15*	-	-
	süß	19*	-	-	*19,5*	20	-	-
1994	weiß	*16*	*16*	*15*	*14,5*	*15*	*16*	*16,5*
	rot	-	-	*15,5*	*16,5*	*17,5*	-	-
	süß	-	-	-	-**	*15*	-	-
1993	weiß	17,5	17,5	16,5	*16,5*	*16*	*18*	*17,5*
	rot	-	-	15	16,5	18	-	-
	süß	-	-	-	17,5	18	-	-
1992	weiß	16,5	16,5	*15*	16	*15,5*	17	*16*
	rot	-	-	16	16,5	17,5	-	-
	süß	-	-	-	16	*15,5*	-	-
1991	weiß	*15*	*15*	*14*	*14,5*	*15*	*13,5*	*15*
	rot	-	-	*13*	*13*	*13,5*	-	-
	süß	-	-	-	17,5	17,5	-	-
1990	weiß	19	16	17	17,5	*17*	18,5	17,5
	rot	-	-	16	16	18	-	-
	süß	-	-	-	18	-	-	-

Bücher

Burgenland – Wein & Kulinarisches
Rudolf Lantschbauer – Georges Spengler
Vinothek Verlag
216 Seiten
30,40- Euro

Der passende Wein zum Essen
Joanna Simon
Komet Verlag
160 Seiten
10,30- Euro

Die neue Welt des Weines
Österreich auf dem Weg zur Weltklasse
(mit Essays von Christian Seiler,
Michael Pronay, Alfred Komarek u.a.)
Klarsicht Verlag
112 Seiten
29,90- Euro

Steirischer Wein – Steirische Küche
Rudolf Lantschbauer / Willi Haider
Vinothek Verlag
288 Seiten
30,40- Euro

Wein
André Dominé
Könemann Verlag
960 Seiten
25,70- Euro

Wein Burgenland
Walter Kutscher, Christa Hanten
Edition Gutenberg
176 Seiten
36,00- Euro

Weinland Niederösterreich
Anbaugebiete – Sorten – Winzer
Walter Kutscher
Edition Gutenberg
192 Seiten
36,00- Euro

Weinland Steiermark
Die 100 besten Weingüter
Engelbert Katschner
Steirische Verlagsgesellschaft
224 Seiten
36,00- Euro

Weinsensorik
verkosten – vergleichen – beurteilen
Julia Sevenich
Österreichischer Agrarverlag (AV)
120 Seiten
20,50- Euro